KB071351

기억의 뇌과학

인간의 기억은
어떻게 만들어지고
사라지는가

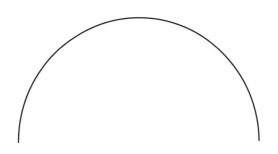

Remember

기억의 뇌과학

리사 제노바 지음 | 윤승희 옮김

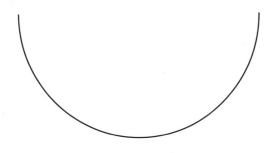

웅진 지식하우스

앨리너, 이선, 스텔라, 피넛에게

"우리는 누구나 오래 살고 싶어 한다. 하지만 85세의 당신 모습을 구체적으로 상상해보시라. 어떤 모습일까? 85세 노인들 중에서 둘의 하나는 알츠하이머병에 걸려 있다. 당신은 아니었으면 좋겠다고? 그렇다면 당신은 그를 돌보는 보호자로 살고 있을 것이다."

이렇게 리사 제노바 박사의 TED강연(무려 650만 명이 보았다!)은 내가 들은 알츠하이머 치매 강연 중 가장 충격적으로 시작한다. 누구나 오래 살고 싶어 하지만, 비극적이게도 우린 그에 따른 대가를 치러야 한다. 치매는 우리의 기억을 송두리째 앗아가고 그것은 곧 나를 잃어버리는 과정이기에, 환자이거나 보호자이거나 둘 다 고통스런 삶이다.

세상은 온통 더 많은 걸 기억하고 싶어 하는 청년들과 건망증에 시달려 불안한 중년들과 치매를 걱정하는 노년들로 가득 차 있다. 기억이라는 소중한 선물을, 도대체 왜 오래 간직하지 못하도록 빼앗아가는가! 생존과 번식을 위해 '세상에 대한 학습'이 필수라면, 애써 얻은 지식을 인간이란 생명체는 왜 망각해버린단 말인가! '기억은 왜 이토록 부실한가?'는 아직 현대 신경과학이 풀지 못한 오랜 숙제다.

아마도 현대인들에게 이 책은 또 하나의 선물이 될 것이다. 우리가 기억과 망각에 대해 알고 싶은 거의 모든 것이 담겨 있기 때문이다. 젊은 나이에 알츠하이머병에 걸려 '망각의 고통'과 처절하게 싸워야 했던 한 여성의 삶을 그려낸 소설 『스틸 앨리스』로 눈물을 쏙 빼게 했던 신경과학자 리사 제노바는 이번 책에선 우리에게 '망각의 현실'을 처연하게 받아들이게 한다. 기억은 지식과 정보를 뇌에 기록하는 과정을 넘어 세상을 이해하는 질료이며, 끊임없이 왜곡되고 편집되고 망각되는 과정에서 우리는 적절하면서도 개성적이고 창의적으로 세상을 받아들이게 된다. 망각은 손실이 아니라 오히려 축복일 수 있음을 이 책은 일깨워준다.

이 책을 읽는 동안, '우리가 기억하고 망각할 때 뇌에서 어떤 일들이 벌어지는지' 당신은 학습하고 기억하게 된다. 물론 그중 대부분은 머지않아 망각하게 될 것이다. 새로운 세상과 경험들을 다시 머릿속에 집어넣기 위해서. 하지만 이것만은 잘 기억하시길 바란다. 앞으로 살아가는 동안 기억에 대해 궁금해질 때마다 당신은 이 책을 수시로 펼쳐보게 될 것이라는 사실을.

_정재승 (뇌과학자, 『과학콘서트』 『열두 발자국』의 저자)

똑같이 사랑했는데 너와 나의 기억이 다를 때, 똑같이 여행했는데 그와 나의 기억이 다를 때, 우리는 망연자실한다. 하지만 그토록 알록달록하게 서로 다른 기억의 차이들이 언젠가는 뜻밖에 아름다운 추억의 하모니가 되기도 한다. 영화 〈스틸 앨리스〉의 원작 소설을 쓴 기억의 전문가 리사 제노바라면 이런 왜곡된 기억들이 만들어내는 뜻밖의 하모니를 '기억의 예술'이라 불렀을 것이다.

이 책은 끝없이 수정되고 끝없이 망각되면서도 끝내 아름다운 우리 인생을 만들어가는 기억의 눈부신 힘을 무지개처럼 펼쳐 보여준다. 알츠하이머병이나 건망증을 염려하며 '기억의 불완전함'을 두려워하는 우리를 향해, 이 책은 커다란 위로의 손길을 내밀어준다. 어떤 순간에도 당신은 끝내 당신 자신일 거라고. 기억이 예술의 경지까지 올라가는 경이로운 과정을 담아낸 이 책은 '기억의 연금술사' 리사 제노바의 따스한 감성으로 인해 과학을 넘어 문학에 가까운 이야기가 되었다. 우리의 할 일은 기억을 완벽하게 만드는 것이 아니라 불완전한 기억마저 너른 마음으로 사랑하는 일이 아닐까. 서로 조금씩 다를지라도 끝내 아름다운 기억의 오케스트라가 되는 우리 삶은 불완전하기에 더욱 애틋하고 눈부시다.

_정여울(작가, 『비로소 내 마음의 적정 온도를 찾다』, 『끝까지 쓰는 용기』의 저자)

신경과학자의 깊이에 뛰어난 스토리텔링 재능을 더해 인간 기억의 비밀을 파헤친다.

_스티븐 핑커(하버드대 심리학과 교수, 『우리 본성의 선한 천사』의 저자)

뇌와 마음, 심장 사이의 관계를 이토록 훌륭하게 쓴 사람은 없다. 인간 기억의 작동원리에 관한 아름답고 매혹적이며 중요한 책이다. 당신이 잊지 못할 과학적이고 문학적인 서술로 가득하다.

_대니얼 길버트(하버드대 심리학과 교수, 『행복에 걸려 비틀거리다』의 저자)

기억은 엄청난 축복이지만, 실제 당신은 당신이 기억할 수 있는 것보다 더 큰 존재라는 사실을 알려준다.

_루돌프 탄지(하버드 의과대학 신경학과 석좌교수, '알츠하이머 게놈 프로젝트' 책임자)

과학자의 눈과 시인의 귀를 가진 제노바는 기억의 신비를 해독한다. 잊지 못할 책!   _데이비드 이글먼(신경과학자, 『창조하는 뇌』의 저자)

기억이 작동하고 작동하지 않는 이유에 대한 확실한 입문서.

_퍼블리셔스 위클리

기억에 관한 최고의 통찰력. 날카로운 글과 접근성 높은 스토리텔링이 매력적이다.   _커커스 리뷰

차
례

Part
1

기억의 과학

기적이라 할 만큼 강력하고
믿을 수 없을 만큼 허술한

1센트짜리 동전을 머릿속에 떠올려보자. 살면서 수천 번, 못해도 수백 번은 보았을 테니 어떻게 생겼는지 금방 떠오를 것이다. 이미 기억에 새겨져 있을 테니까.

그럼 확인해보자. 동전 앞면에 새겨진 대통령 이름은? 대통령의 얼굴이 향하고 있는 방향은? 주조 연도, '자유LIBERTY'라는 글자, '우리가 믿는 신 안에서IN GOD WE TRUST'라는 문구는 각각 어디에 있는가? 동전 뒷면에는 어떤 그림이 있는가? 지금 당장 동전의 앞뒷면을 보지 않고 정확히 그릴 수 있는가? 동전이 어떻게 생겼는지 분명히 알고 있는데 왜 아무것도 생각나지 않을까? 내 기억에 무슨 문제가 있나?

그렇지 않다. 기억은 제 할 일을 빈틈없이 잘하고 있다.

뇌는 경이롭다. 우리의 뇌는 날마다 수많은 기적을 행한다. 보고, 듣고, 맛보고, 냄새 맡고, 피부에 닿는 느낌을 감지한다. 아울러 고통, 기쁨, 온도, 스트레스를 비롯해 다양한 감정을 느낀다. 뇌는 계획을 세우고 문제를 해결한다. 뇌가 공간 안에서 우리의 위치를 인식해주는 덕분에 우리는 벽에 부딪히지 않고, 길을 건너기 위해 차도로 내려설 때도 넘어지지 않는다. 뇌는 언어를 이해하고 언어로 표현한다. 뇌의 관여로 인해 우리는 초콜릿과 섹스를 갈망하고, 타인의 기쁨과 고통에 공감하고, 스스로의 존재를 인식한다. 그리고 기억한다. 기억은 뇌가 수없이 행하는 복잡하고 놀라운 기적의 정점에 있다.

기억은 학습에 반드시 필요하다. 기억 없이 우리는 어떤 정보나 경험도 간직할 수 없다. 기억이 없으면 새로운 친구를 사귈 수도 없을 것이고, 지금 읽는 문장을 다 읽을 때쯤 이전 문장은 이미 머리에 남아 있지 않을 것이다. 저녁에 부모님에게 전화하고 자기 전에 심장 약을 먹기 위해서도 우리는 기억에 의존한다. 옷을 입고, 이를 닦고, 이 책을 읽고, 테니스를 치고, 자동차를 운전하기 위해서도 기억이 필요하다. 우리는 아침에 눈을 떠서 저녁에 잠드는 순간까지 기억을 사용하고, 심지어 우리가 잠든 사이에도 기억은 쉬지 않고 일한다.

인생에서 중요한 의미를 갖는 사실들과 순간들이 하나로 이어져 삶의 서사와 우리의 정체성을 이룬다. 기억이 있기에 우리는 스스로가 누구인지, 어떤 사람으로 살아왔는지를 지각한다. 알츠하이머병으로 개인의 역사를 송두리째 잃어버린 사람들을 보면서 우리는 기억이 인간다운 삶을 경험하는 데 얼마나 핵심적인 역할을 하는지 직관적으로 알 수 있다.

하지만 이처럼 수많은 기적을 행하고, 우리 삶에 없어서는 안

되는 존재이며, 다양한 영역에서 존재감을 발휘하고 있음에도 기억은 결코 완벽하지 않다. 우리 뇌는 애초에 사람들의 이름을 기억하고, 나중에 해야 할 일을 잊지 않고, 세세한 경험들을 빠짐없이 기록하도록 설계되지 않았다. 뇌가 불완전한 것은 그냥 처음부터 그렇게 출고되었기 때문이다. 아무리 두뇌가 명석한 사람이라도 기억에 결함이 있게 마련이다. 파이(π)를 소수점 아래 10만 자리 넘게 외워서 유명해진 사람도 아내의 생일을 잊거나 지금 자신이 거실에 뭘 하러 나와 있는지 기억이 안 날 때가 있다.

사실 대다수의 사람들은 오늘 경험한 일 대부분을 내일이면 잊는다. 결국 인생 대부분을 잊어버린다는 이야기다. 지난 1년을 통틀어 세세한 부분까지 통째로 기억하는 날이 며칠이나 될까? 대부분 평균 8일에서 10일 정도다. 가까운 과거의 경험인데도 기억에 남는 부분은 3퍼센트가 채 안 된다는 얘기다. 5년 전으로 돌아가면 이는 더욱 줄어든다.

그나마 기억하는 것들도 대다수가 불완전하고 부정확하다. 특히 과거 사건에 대한 기억은 누락되거나 의도치 않게 편집되었을 가능성이 크다. 케네디 대통령이 암살당하고, 우주왕복선 챌린저호가 폭발하고, 2001년 9월 11일 미국 세계무역센터 건물이 무너질 때 누구와 어디서 무엇을 했는지 기억하는가? 이렇게 충격적이고 감정을 크게 자극했던 사건들에 대한 기억은 수년이 지나도 생생하게 떠오르는 법이다. 하지만 그 사건을 회상한 적이 있거나 그 사건에 대한 책 혹은 방송을 접한 적이 있다면, 장담하건

대 지금 세세한 부분까지 생생하게 떠올릴 수 있다고 확신하는
그 기억이 사실은 한 번도 겪어보지 않은 일들을 다수 포함하고
있을 것이다.

정확한지 아닌지는 일단 접어두고, 우리의 뇌는 다음과 같은
것들을 기억한다.

- 첫 키스
- 6 곱하기 6의 답
- 신발 끈 묶는 법
- 자녀가 태어난 날
- 할머니가 돌아가신 날
- 무지개의 색
- 지금 살고 있는 집 주소
- 자전거 타는 법

반면, 우리의 뇌가 쉽게 잊는 것들도 있다.

- 10번째 키스
- 지난 수요일 저녁에 먹은 음식
- 전화기를 둔 곳
- 초등학교 5학년 때 담임선생님 이름
- 5분 전에 만난 여자 이름

- 대수학
- 쓰레기 버리기
- 와이파이 패스워드

왜 첫 번째 키스는 기억하면서 10번째 키스는 기억 못 할까? 왜 어떤 것은 기억하고 어떤 것은 잊어버릴까? 기억은 효율을 꽤 따지는 편이다. 한마디로 뇌는 의미 있는 것들만 기억하도록 진화했다. 의미가 없으면 잊는다. 그런데 우리의 삶 대부분은 습관적이고 반복적이고 사소하다. 샤워하고, 양치질하고, 커피 마시고, 출근하고, 일하고, 퇴근하고, 저녁 먹고, 텔레비전 보고, 밤늦게까지 SNS에 빠져 있다가 잠이 든다. 매일 그런 삶을 반복한다. 지난주에 했던 그 많은 빨래에 관해서는 아무것도 기억하지 못한다. 그래도 괜찮다. 대부분의 경우 잊는 것은 정말 아무 문제가 되지 않는다.

10번째 키스, 지난주에 빨래를 했던 것, 수요일에 먹은 점심, 1센트짜리 동전의 앞면에 새겨진 그림을 잊는다고 해서 큰일은 아니라는 주장에 아마 대부분 동의할 것이다. 이런 일상의 순간들과 세세한 부분들은 특별히 중요할 것이 없다. 하지만 뇌는 우리가 정말 중요하게 여기는 것들도 잊는다. 딸이 도서관에서 빌려온 책을 잊지 않고 반납하고, 내가 지금 부엌에 뭘 하러 왔는지, 안경은 어디에 두었는지도 제발 좀 기억났으면 좋겠다. 나한테는 정말 중요하기 때문이다. 이렇게 정말 중요한 일들이 기억나지 않는 이유는 잊는 것이 효율적이기 때문이 아니라 대개는 뇌에 필요한 정보가 제대로 입력되지 않아서다. 입력된 정보만으로는 뇌가 기억을 생성하고 불러오는 과정을 충분히 지원할 수 없었던 것이다. 일상에서 흔히 겪는 건망증은 뇌가 본연의 임무를 수행하는 과정에서 정상적으로 나타나는 결과다. 하지만 사람들은 대체로 그렇게 생각하지 않는다. 기억의 작동 방식에 익숙하지 않기 때문이다. 기억이 작동하는 과정을 이해한다면 우리는 더 많이 기억하고 덜 잊어버릴 것이다.

잊는 것은 많은 사람이 흔히 생각하는 것처럼 태만해서도 병이 있어서도 아니고, 심지어 두려워할 일도 아니다. 사람들은 '어떻게 그런 걸 잊어버려' 혹은 '좀 더 젊었더라면 잊어버릴 리가 없는데'라는 생각 때문에 뭔가 기억나지 않을 때마다 걱정하고 창피해하고 겁을 먹는다. 나이가 들면 기억력이 나빠지다가 조금씩 기억나지 않는 것들이 생기고, 그러다가 마침내 완전히 기억을 잃게 된다는 막연한 두려움에서 벗어나지 못한다.

신경과학자로서 그리고 『스틸 앨리스*Still Alice*』의 저자로서, 나는 거의 10년간 세계 여러 곳의 청중들 앞에서 알츠하이머병과 기억에 대해 이야기했다. 강의가 끝나면 예외 없이 로비에서 기다리고 있다가, 혹은 화장실에서 나오는 나를 붙들고 기억과 건망증에 대한 개인적인 고민들을 쏟아내는 사람들이 있다. 대개 부모, 조부모 혹은 배우자가 알츠하이머 질환을 겪었거나 겪고 있는 사람들이다. 그들은 심각한 기억 손실이 초래한 절망과 고통을 목격했다. 이 사람들은 넷플릭스 비밀번호를 잊어버려도, 티나 페이Tina Fey(미국의 유명 코미디언 겸 배우—옮긴이)가 나오는 영화 제목이 기억나지 않아도 이런 사소한 문제를 시작으로 결국 그들 자신도 불가피한 질병에 굴복하게 되지 않을까 걱정한다.

잊는 것을 두려워하는 이유가 단순히 나이 드는 게 혹은 알츠하이머병에 걸리는 게 싫어서만은 아니다. 기억하는 능력이 조금이라도 줄어드는 것 자체가 두려운 것이다. 기억은 내가 나로서 역할을 수행하고, 나로서 존재하기 위해 정말로 필요하기 때문에, 깜빡깜빡하는 버릇이 생기고, 원하는 단어를 얼른 떠올리지 못하게 되고, 열쇠와 안경과 전화기 같은 물건을 자주 잃어버리기 시작하면 두려움이 엄습한다. '이러다가 내가 나를 잃어버리면 어쩌지?' 당연히 생각만 해도 끔찍하다.

우리는 잊어버리지 않기 위해 필사적으로 저항하지만 사실 잊는 것이 반드시 극복해야 할 장애물은 아니다. 효과적으로 기억하기 위해서는 잊어야 할 때가 많다. 또 간혹 기억이 제 기능을 못하는 경우가 있다고 해서 결코 기억이 망가졌다는 뜻은 아니다. 물론 조금 답답하긴 하겠지만 인간이기 때문에 잊어버리기도 하는 것이다. 기억이 어떻게 작동하는지 이해하면 불편을 야기하는 어이없는 실수도 담담하게 받아들이게 된다. 또 흔한 오류나 착각에 빠지지 않도록 요령을 터득하면 건망증 때문에 발생하는 당황스러운 상황을 다수 예방할 수 있다.

나는 두려움에 사로잡힌 사람들에게 왜 사람 이름이며, 차를 주차한 위치며, 오늘 비타민을 먹었는지 안 먹었는지 등을 잊어버리는지 그 이유를 설명하고, 기억이 어떻게 생성되고 인출되는지 자세히 알려주고, 결국 잊어버리는 것은 병적인 증상이 아니라 뇌가 그렇게 진화해왔기 때문이라고 이야기해준다. 그러면 그들의 입에서 한숨이 새어나오고, 얼굴에는 안도와 감사의 표정이 떠오른다. 그들은 나와 작별인사를 할 때쯤엔 이미 두려움을 내려놓고 기억을 새롭게 바라보게 된다. 더는 기억 앞에서 무력하지 않다.

일단 기억을 이해하고 기억의 작동 방식, 기억의 놀라운 힘과 어처구니없는 약점, 본질적인 취약성과 잠재적인 초능력을 훤하게 파악하고 나면, 기억력을 크게 향상시킬 수도 있고, 어쩔 수 없이 기억을 못 하더라도 침착하게 대처할 수 있다. 지나친 기대를 하지 않음으로써 기억을 편안하게 받아들일 수 있다. 더는 기억을 못 할까 봐 두려워할 필요가 없다. 오히려 두려움이 사라지면 인생도 달라질 수 있다.

기억은 대단히 중요하지만 조금 허술한 면도 있다. 비틀스의 노래 가사는 전부 외우면서 지금껏 자신이 살면서 겪은 일은 대부분 잊어버린다거나, 고등학교 때 외운 「햄릿」의 독백은 기억하면서 5분 전에 배우자가 사 오라고 한 물건이 무엇이었는지는 잊어버린다. 1센트 동전이 어떻게 생겼는지 분명히 아는데 설명하려면 기억이 안 난다. 기억은 우리 삶 전반에 관여하고, 기억 덕분에 우리는 모든 일을 순조롭게 처리할 수 있다. 망각도 다르지 않다.

이 책에서는 기억이 어떻게 만들어지고, 그렇게 만들어진 기억을 우리가 어떻게 꺼내 쓰는지에 대해 이야기할 것이다. 모든 기억이 똑같이 만들어지지는 않는다. 기억에도 여러 종류가 있다. 지금 이 순간의 기억, 몸을 움직이는 방식에 대한 기억, 지식에 대한 기억, 방금 일어난 일에 대한 기억, 앞으로 하려고 하는 일에 대한 기억 등이다. 다양한 종류의 기억은 뇌 안에서 저마다 다른 방식으로 처리되고 저장된다. 어떤 기억은 단 몇 초만 존재했다가 사라지고(임시 비밀번호), 어떤 기억은 평생 남기도 한다(결혼식 날). 어떤 기억은 쉽게 생성되고(해야 할 일 목록), 어떤 기억은 쉽게 떠오르는(자녀의 생김새) 반면, 또 어떤 기억은 쉽게 잊힌다(지난 목요일의 출퇴근길). 어떤 종류의 기억은 매우 정확하고 믿을 만해서 의지할 수 있는(운전하는 법) 반면, 어떤 기억은 신뢰하기 힘들다(과거에 일어난 모든 일).

또 어떤 기억이건 생성되려면 반드시 주의를 집중해야 한다는 것도 이 책을 통해 확실히 알게 될 것이다. 쇼핑센터 주차장에 차를 세우면서 주차 구역이 어디인지를 제대로 살피지 않으면, 나중에 차를 찾느라 애를 먹겠지만 이것은 주차한 위치를 잊어서가 아니다. 이 경우 엄밀히 말하면 아무것도 잊지 않았다. 주의를 기울이지 않았기 때문에 애초에 주차 위치에 대한 기억 자체가 형성되지 않았을 뿐이다.

잊힌 기억이 일시적으로 떠오르지 않는 것인지, 다시 말해 적절한 자극으로 잠금이 해제되면 바로 떠오를 기억인지(아무리 해도 기억나지 않던 〈보헤미안 랩소디〉가 누군가 첫 소절을 흥얼거린 순간 봇물처럼 입에서 흘러나올 때처럼), 아니면 영구히 지워진 것인지(펠로폰네소스 전쟁이 뭔지 도통 기억나지 않고 옆에서 아무리 자세히 가르쳐주어도 소용없을 때처럼)도 이 책을 읽으면 알 수 있다. 일반적인 건망증(지프를 세워둔 곳을 기억 못 하는 것)과 알츠하이머병으로 인한 기억 손실(지프를 소유한 사실을 기억하지 못하는 것)의 차이도 이해하게 될 것이다. 또 기억이 의미, 감정, 수면, 스트레스, 맥락에 얼마나 크게 영향받는지도 알게 될 것이다. 바꿔 말하면 뇌가 무엇을 기억하고 무엇을 잊을지 선택하는 데 우리가 개입할 여지가 많다는 의미이기도 하다.

기억은 결국 우리가 기억하고 망각하는 것들의 총합이고 기억과 망각 모두 어떤 면에서는 과학인 동시에 예술이다. 오늘 경험하고 배운 것을 내일이면 잊을 것인가, 세세한 추억과 지식을 수십 년이 지나도록 간직할 것인가? 어느 쪽을 선택하든 우리의 기억은 기적이라 할 만큼 강력한 동시에 허점투성이인 채로 제 할 일을 하고 있다.

Part 1

기억의 과학

기억은 어떻게
만들어지는가

1953년 수술로 해마에 손상을 입은 헨리에게

그날 이후 새로 사전에 등재된 그래놀라, 자쿠지, 노트북컴퓨터 같은

단어들은 영원히 받아들일 수 없는 존재가 되었다.

어떤 일이 벌어져도 단 몇 분 후면 아무것도 기억하지 못했다. 다시는.

일본에서 엔지니어로 일하다가 은퇴한 하라구치 아키라는 규칙적인 반복 패턴이 없는 무한소수 파이를 소수점 아래 11만 1700자리까지 암기했다. 3.14159 이하 11만 1695개의 수를 기억한다는 뜻이다. 흔히들 예전 같지 않은 기억력에 만족하며 경로우대나 받아야 한다고 생각하는 69세의 나이에 말이다!

'어떻게 그런 말도 안 되는 일이!'라고 생각하는가? 나도 그렇다. 사람들은 분명 하라구치가 어린 시절부터 영재였을 거라고 짐작할 것이다. 어쩌면 수학 천재이거나 서번트증후군^{savant syndrome}(자폐증, 지적장애 등 뇌 기능 장애를 가진 사람들 중 일부가 암기, 계산, 음악,

미술, 기계 수리 등의 분야에서 천재적인 재능을 발휘하는 현상―옮긴이)일지도 모른다고. 하지만 모두 아니다. 그는 보통 사람이고, 그의 뇌도 건강하고 평범하게 나이 들어가고 있다. 여기서 유추할 수 있는, 그의 놀라운 암기력보다 어쩌면 더 충격적인 결론은 누구든 파이를 소수점 아래 11만 1700자리까지 외울 수 있다는 것이다.

우리는 무엇이든 학습하고 기억할 수 있다. 내 아이의 목소리만이 갖는 독특한 울림, 새 친구의 얼굴, 차를 세워둔 곳, 네 살 때 혼자 시장에 심부름을 다녀온 날, 테일러 스위프트의 신곡 가사 등. 보통의 성인은 평균 2만 단어에서 10만 단어의 발음, 철자, 의미를 기억하고 있다. 체스 고수들은 대략 10만 가지의 수†를 기억에 저장해둔다. 라흐마니노프 협주곡 3번을 연주할 수 있는 콘서트 피아니스트들은 거의 3만 개의 음표로 이루어진 조합을 기억한다. 또 이런 피아니스트들은 바흐, 쇼팽, 슈만의 곡도 악보 없이 연주할 수 있다. 우리의 기억은 굉장히 의미심장하거나 터무니없거나 단순하거나 복잡한 온갖 종류의 정보를 저장하고, 그 저장용량은 무한한 것 같다. 우리는 기억에게 뭐든 저장하라고 요청할 수 있다. 조건만 갖추어진다면 기억은 우리의 요청을 받아들인다.

기억은 어떻게 이 모든 것을 저장할 수 있을까? 신경과학의 관점에서 기억이란 과연 무엇일까? 기억은 어떻게 만들어질까? 기억은 어디에 저장되고, 우리는 저장된 기억을 어떻게 불러올까?

기억의 생성은 말 그대로 뇌를 변화시킨다. 우리가 가지고 있는 기억 하나하나는 우리의 경험에 대응하여 뇌가 물리적으로 영구적인 변화를 겪음으로써 만들어진다. 모르던 것을 알게 되었고, 오늘을 경험하지 않은 어제의 내가 또 다른 하루를 경험한 내가 되었다. 이제 오늘 있었던 일을 내일 기억할 수 있다는 것은 뇌가 변했다는 뜻이다.

그렇다면 뇌는 어떻게 변할까? 우선 우리는 경험 가운데 감각, 감정, 사실 등을 감각기관을 통해 인지한다. 즉 보고, 듣고, 냄새 맡고, 맛보고, 피부로 느낀다는 말이다.

예를 들어, 초여름 저녁 좋아하는 해변에 친한 친구들이 가족들과 함께 모여 있다고 생각해보자. 여러 가지 광경 중에서도 아이들이 해변에서 축구를 하고 하늘이 석양에 근사하게 물들어 있는 모습이 눈에 들어온다. 평소 가장 좋아하던 레이디 가가의 〈본 디스 웨이Born This Way〉가 휴대용 스피커에서 들려온다. 딸이 울면서 달려오더니 빨갛게 부어오른 발목을 가리킨다. 해파리에 쏘였다. 다행히 한 친구가 이런 일이 벌어질 것을 미리 알기라도 했는지 작은 병에 연육제를 담아 왔다. 연육제를 잘 개어 발목에 발라주니 아픔은 거의 순식간에 가라앉았다(이거 정말 효과가 있다). 나는 소금기 섞인 바닷바람 향기와 모닥불의 연기 냄새를 맡는다. 톡 쏘는 맛의 차가운 화이트 와인, 신선한 바다를 머금은 굴, 찐득하고 달콤한 스모어s'more(가열한 마시멜로와 초콜릿을 비스킷 사이에 끼워 먹는 캠핑용 간식—옮긴이)를 맛본다. 행복을 느낀다.

아이들이 축구하는 모습은 레이디 가가나 해파리 또는 굴의

향과 아무 연관이 없지만, 이 찰나의 개별적인 경험들이 서로 연결되면 이야기가 달라진다. 시간이 흐른 뒤 하나의 기억으로 떠올릴 수 있으려면, 즉 "그 초여름 밤 생각나? 굴이랑 스모어를 먹으면서 레이디 가가의 노래를 들었잖아. 애들이 해변에서 축구를 했는데 막내 수지가 해파리에 쏘였었지"라는 기억이 만들어지기 위해서는, 각각의 경험에 대응해 서로 무관하게 일어나던 신경 활동이 하나의 패턴으로 연결되어야 한다. 이후 신경세포들 간의 연결 구조가 변화하면서 이 패턴은 지속성을 갖게 된다. 이제 새로 형성된 신경회로가 점화되면 영구적으로 달라진 신경 배선과 연결 구조를 재경험, 즉 다시 떠올릴 수 있다. 이것이 기억이다.

● ● ●

기억의 4단계

기억은 기본적으로 4단계를 거쳐 형성된다. 첫 번째, 부호화encoding 단계에서는 뇌가 인식하고 집중한 대상으로부터 시각 신호, 소리, 정보, 감정, 의미를 포착하고 이 모두를 신경 신호로 변환한다. 두 번째, 강화consolidation 단계에서는 뇌가 이전까지 서로 무관하던 신경 활동들을 서로 연관성을 갖는 하나의 패턴으로 연결한다. 이렇게 연결된 패턴은 세 번째 저장storage 단계를 거치면서 신경세포들이 영구적인 구조 변화와 화학 변화를 겪으면서 지속성을 얻는다. 그런 다음 마지막 인출retrieval 단계에서 연결된 패턴을 활성화할 때마다 이전에 학습하고 경험한 것들을 다시 들여다보고, 회상하고, 알고, 인지할 수 있게 된다.

의식적으로 떠올릴 수 있는 장기기억이 생성되려면 4단계가 모두 제대로 작동해야 한다. 우선 정보를 뇌에 입력해야 한다. 그리고 정보를 서로 연결하여 뇌 내부의 영구적인 변화를 통해 저장해야 한다. 그리고 정보에 접근하고 싶을 때 저장된 정보를 가져오면 된다.

이전에는 상관없던 신경 활동들이 어떻게 하나의 신경망으로 연결되어, 하나의 기억으로 경험되는가? 완벽하게 규명된 것은 아니지만, 어디에서 그런 과정이 일어나는지는 상당히 많이 밝혀졌다. 우리의 경험에 포함된 정보, 즉 감각 인식, 언어, 누가, 무엇을, 어디서, 언제, 왜 등을 뇌가 수집하면 뇌에 있는 해마라는 부위가 이 정보들을 연결한다.

바다에 사는 해마를 닮은 이 기관은 뇌 한가운데 깊숙이 자리 잡고는 기억강화에 핵심적인 역할을 한다. 다시 말해 해마Hippocampus는 기억들을 하나로 묶는다. 기억을 직조하는 직공인 셈이다. 무슨 일이 언제 어디서 일어났고, 그 의미는 무엇이며, 나는 그것을 어떻게 느꼈는가? 해마는 뇌의 여러 부분에 흩어져 있는 이 모든 개별 정보들을 한데 모아 나중에 한꺼번에 다시 불러올 수 있도록 하나의 연관된 데이터 단위로 만든다. 이렇게 만들어진 정보 단위, 즉 신경 네트워크는 적절한 자극을 받으면 기억이라는 형태로 경험될 수 있다.

따라서 어떤 기억이든 새로 만들어서 나중에 의식적으로 불러낼 수 있으려면 해마가 반드시 필요하다. 해마가 손상되면 새로운 기억을 형성하는 능력에 장애가 생긴다. 알츠하이머병이 공격을 시작하는 곳이 바로 해마다. 그래서 알츠하이머병의 최초 증상들은 대개 오늘 벌어진 일을 잊거나, 몇 분 전에 들은 말을 잊거나, 같은 이야기 또는 같은 질문을 수없이 반복하는 형태로 나타난다. 손상된 해마로 인해 환자들이 새로운 기억을 만드는 데 어려움을 겪기 때문이다.

더불어 해마의 중재로 기억이 강화되는 과정은 시간 의존적이기 때문에 중간에 교란이 일어날 수 있다. 내일, 다음 주, 혹은 20년 후에 불러낼 수 있는 기억이 만들어지기 위해서는 분자 수준에서 여러 단계의 과정을 거쳐야 하므로 어느 정도 시간이 소요된다. 그런데 충분한 시간이 흐르지 않은 상태에서 원기억이 해마에서 처리되는 과정에 뭔가가 끼어들면 기억은 질이 떨어지거나 심지어 손실될 수도 있다.

가령 권투 선수나 미식축구 선수 혹은 축구 선수가 머리를 얻어맞았다고 하자. 머리에 충격이 가해진 직후 인터뷰를 한다면 선수는 펀치, 그날의 경기, 그리고 무슨 일이 벌어졌는지를 자세하게 이야기해줄 수 있을 것이다. 하지만 경기 다음 날 인터뷰를 한다면 선수는 아무것도 기억하지 못할 수도 있다. 해마가 새로운 기억을 만들고 오래 저장하기 위해 정보를 연결하는 과정에서 교란이 일어나, 기억이 완전히 강화되지 못했기 때문이다. 머리에 가해진 충격이 기억상실을 야기한 것이다. 그렇게 손실된 기억은 다시 돌아오지 않는다.

영국의 고故 다이애나 비와 도디 알파예드가 교통사고로 사망할 당시 유일한 생존자였던 경호원 트레버 리스 존스Trevor Rees-Jones는 사고 직전의 자세한 상황을 한참이 지난 지금도 여전히 전혀 기억하지 못한다. 그 이유는 아마 해마에 가해진 손상 때문일 것이다. 그는 머리에 심각한 부상을 당해 여러 번 수술을 받았고 약 150개의 티타늄 보형물을 사용한 안면 재건 수술도 받았다. 머리를 다치면서 해마가 사고 직전 경험의 다양한 요소들을 완전히 연결하지 못했기 때문에 이 정보들은 기억으로 저장되지 않았다. 즉 사건에 대한 기억이 만들어지지 않았던 것이다.

해마가 아예 없다면 어떻게 될까? 반세기 넘게 수천 편의 논문에서 HM으로 소개된 헨리 몰래슨Henry Molaison은 신경과학 역사상 가장 유명한 연구 사례의 주인공이다. 헨리는 어렸을 때 자전거에서 떨어져 두개골 골절상을 입었다. 이때 입은 부상 때문인지 가족력 때문인지는 확실치 않지만, 헨리는 열 살 때부터 몸이 망가질 정도로 심한 뇌전증 발작을 자주 일으켰다. 17년 후 여전히 발작은 나아지지 않고 약물 치료도 효과가 없었다. 헨리는 절박한 마음에 조금이라도 상태를 호전시킬 수 있다면 무엇이든 해보겠다고 마음먹었다. 1953년 9월 1일 27세의 헨리는 뇌수술을 포함한 실험에 동의했다.

1953년은 전두엽 절제술을 비롯해 정신 치료 목적의 뇌수술

이 여전히 시행되던 때다. 양극성 장애, 조현병 같은 정신질환이나 뇌전증 같은 뇌장애를 치료하기 위해 뇌의 특정 영역들을 섬세하지 못한 방식으로 들어내거나 절제하는 수술이 이루어졌던 것이다. 지금의 시각으로 보면 이런 종류의 외과적 개입은 터무니없고 야만적이고 효과가 없다는 걸 알지만, 그 당시에는 권위 있는 신경외과 의사들이 통상적으로 이런 수술을 집도했다. 신경외과 의사인 윌리엄 스코빌William Scoville도 발작 치료를 목적으로 헨리의 양쪽 뇌에서 해마와 그 주변 조직을 제거했다.

다행히도 헨리의 발작은 거의 완벽하게 진정되었다. 헨리의 성격, 지능, 언어 및 운동 기능, 인지능력 등에는 아무런 손상도 없었다. 여기까지만 본다면 수술은 성공적이었다. 하지만 안타깝게도 뇌전증 대신 다른 질환이 나타났다. 새로 얻은 병은 재난에 가까웠다. 이후 82세로 사망할 때까지 55년 동안 헨리는 새로운 정보나 경험을 몇 분 이상 기억할 수 없게 되었다. 의식적으로 간직하고 떠올릴 수 있는 장기기억을 전혀 만들 수 없게 된 것이다.

헨리는 같은 잡지와 영화를 매번 처음 보는 것처럼 보고 또 봤다. 매일 자신의 의사와 심리학자들을 만날 때마다 처음 보는 사람들인 것처럼 인사를 했다. 브렌다 밀너Brenda Milner라는 캐나다 심리학자는 50년 이상 헨리의 사례를 연구했는데 그 오랜 세월 동안 헨리는 한 번도 그녀를 알아보지 못했다. 새로운 단어도 외우지 못했다. 1953년 이후 새로 사전에 등재된 그래놀라, 자쿠지, 노트북컴퓨터, 이모티콘 같은 단어들은 그에게 늘 생소했다. 그는 숫자 하나를 여러 번 반복해서 되뇌면 몇 분 동안 기억할 수는 있었지만 반복을 멈추면 그 숫자는 영원히 기억에서 사라졌다. 아울러 숫자를 암기하라는 말을 들은 사실조차 기억에서 사라졌다. 어떤 일이 벌어져도 단 몇 분 후면 아무것도 기억하지 못했다. 다시는.

이처럼 우리가 인지하고 주의를 기울이면서 흥미롭다, 놀랍다, 유용하다, 의미 있다 혹은 어떤 의미로든 기억할 만하다고 여기게 된 새로운 정보는 무엇이든 해마에서 기억으로 강화되는 과정을 거친다. 해마는 이렇게 기억으로 전환될 정보에 관여하는 뇌의 특정 부위들을 반복해서 활성화하는데, 그러다 보면 어느 순간 그 특정 부위들이 안정적인 활성 패턴으로 연결된다. 말하자면 여러 부위가 하나로 배선되는 것이다.

새로운 기억을 형성하기 위해 해마가 필요하지만 일단 형성된 기억은 더는 해마에 머무르지 않는다. 그렇다면 기억은 어디에 저장될까? 기억은 한곳에 저장되는 것이 아니다. 기억은 최초의 경험을 접수한 뇌의 각 부위로 분배된다. 뇌에 담당 부위가 정해져 있는 인지나 운동과는 달리 기억은 저장을 전담하는 신경세포나 기억 피질 같은 것이 따로 없다. 시각, 청각, 후각, 촉각, 운동 등은 각각 전담하는 뇌 부위를 표시할 수 있다. 뇌의 뒤쪽에 있는 시각피질visual cortex에서는 신경세포들이 우리가 본 것들을 처리한다. 귀로 들은 것을 처리하는 청각피질과 냄새를 인지하는 후각피질olfactory cortex도 있다. 고통, 온도, 촉각은 정수리 쪽에 있는 체

지각^{somatosense}(체감각이라고도 하며 몸 전체 표면을 통해 느끼는 감각을 의미한다—옮긴이) 피질에서 담당한다. 엄지발가락을 움직이면 운동피질^{motor cortex}의 특정 신경회로들이 활성화되는 것을 확인할 수 있다.

하지만 기억은 다르다. 기억을 떠올린다는 것은 '기억은행' 같은 곳에서 기억을 인출해내는 것이 아니다. 사실 기억은행 같은 것은 없다. 장기기억은 뇌의 어느 특정 영역에 저장되는 것이 아니기 때문이다.

• • •

우리가 기억할 때
뇌에서 벌어지는 일들

기억은 최초로 어떤 사건이나 정보를 경험했을 때 뇌 여기저기에 흩어져 있는 신경세포들이 자극에 활성화된 패턴으로 저장된다. 어제저녁에 먹은 음식을 기억하려면 그 음식에 대한 최초의 경험을 인지하고 주의를 기울이고 처리한 바로 그 신경세포들이 뇌 곳곳에서 다시 활성화되어야 한다. 우선 어제저녁 식사에 대한 기억 일부가 활성화된다. 누군가 보스턴 노스엔드에 있는 트라토리아 일 파니노에서 식사해본 적이 있는지 묻는 순간, 질문은 연결된 신경망을 활성화해서 이제 나는 그 레스토랑에서 식사했던 때의 기억 대부분, 어쩌면 전부를 떠올릴 수 있다. 그날 날씨가 기가 막히게 좋아서 나는 친구 티프와 레스토랑까지 걸어갔다. 존도 합류해서 저녁 식사 자리는 이탈리아어 회화 시간이 되었다. 나는 버섯리소토를 먹었다. 델리치오소^{Delicioso}(맛있었다)!

기억은 신경세포 집단의 신경망 형태로 머릿속에 존재하는 물리적 실체다. 내 할머니는 2002년에 알츠하이머병으로 돌아가셨다. 할머니를 떠올리면 나의 뇌는 시각피질에 있는 할머니의 모습을, 청각피질에 있는 할머니의 웃음소리를, 후각피질에 있는, 할머니가 거의 매일 점심에 요리했던 그린페퍼 양파 볶음 향을 활성화한다. 할머니 거실의 붉은색 러그, 다락방에 있던 드럼, 부엌 테이블 위에 있던 피첼레^{pizzele}(와플을 닮은 이탈리아식 쿠키―옮긴이) 캔 등도 떠오른다.

뭔가를 기억할 때마다 우리는 경험한 정보의 여러 요소들을 활성화하는데, 이 요소들은 하나의 단위를 이루도록 서로 엮여 있다. 기능적 자기공명영상$^{functional\ MRI}$으로 뇌를 관찰하면 기억이 어떤 방식으로 인출되는지 눈으로 확인할 수 있다. MRI 스캐너에 들어간 사람에게 특정 기억을 떠올리게 하면 원하는 정보를 찾아 말 그대로 '뇌를 뒤지는' 모습이 관찰된다. 처음에는 여기 번쩍 저기 번쩍, 뇌 여기저기가 활성화된다. 하지만 처음 해당 정보를 학습했을 때 만들어진 활성 패턴과 일치하는 형태의 패턴이 나타나면 거기서 멈춘다. 그리고 바로 그 순간 피험자는 "기억났어요!"라고 말한다.

이와 비슷하게 특정한 사진을 머릿속에 떠올릴 때의 뇌 활성 패턴은 같은 이미지를 눈으로 직접 볼 때 형성되는 활성 패턴과 거의 동일하다. 머릿속으로 미키마우스를 상상해보자. 미키마우스가 보이는가? 머릿속을 '뒤진다.' 그리고 이제 눈앞에 미키마우스가 '보인다.' 이때 우리 뇌 속의 활성 패턴에는 미키마우스 그림을 실제로 볼 때 활성화되는 시각피질의 신경회로가 포함되어 있다. 기억에서 가져온 이미지를 상상할 때 우리의 뇌는 마치 그 이미지가 눈앞에 있는 것처럼 활성화된다. 경험했거나 학습했던 것을 떠올리기 위해 우리 뇌는 처음 그것을 경험하고 학습했을 때 인지하고 주의를 기울였던 요소들을 다시 활성화한다.

아울러 시각피질에 저장된 미키마우스의 이미지를 활성화하다 보면 미키마우스의 다른 측면들, 가령 미키마우스의 목소리 같은 것들이 함께 떠오를 수 있다. 따라서 미키마우스에 대한 기억에는 미키마우스의 생김새는 물론 소리도 포함될 수 있다. 시각피질의 신경세포들(즉 미키마우스의 생김새)이 활성화되면 뇌 여기저기에 퍼져 있는 관련 신경세포들도 활성화될 수 있다. 방금 사례에서는 청각피질에 위치한 관련 신경세포(미키마우스의 목소리)가 활성화되었다고 할 수 있다. 이제 우리는 미키마우스를 보고 그 목소리를 들을 수 있다.

하지만 저장된 기억을 불러내는 것은 DVD나 유튜브 채널을 고르고 재생 버튼을 누르는 것과는 다르다. 책을 읽듯이 기억을 읽거나 동영상을 재생하듯 기억을 재생할 수는 없다. 시각기억은 스마트폰에 저장된 사진폴더를 훑어보다가 원하는 사진을 확대

·축소해서 보는 것과는 다르다. 우리는 사진을 보는 것이 아니다. 기억한다는 것은 연관성이 있지만 여기저기 흩어져 있는 물건들을 최대한 많이 모아야 이기는 게임을 하는 것과 비슷하다. 뇌 여러 부분에 흩어져 있지만 서로 연관성이 있는 세포들을 찾아 모아야 기억을 복원할 수 있기 때문이다. 우리는 기억을 떠올리는 것이지, 동영상처럼 재생하는 것이 아니다. 기억의 인출은 기억의 일부가 자극을 받아, 기억회로의 활성화를 촉발할 때 일어난다.

기억을 촉발할 적절한 단서를 만들고 활용할 수만 있다면 초여름 바닷가에서 굴과 스모어를 먹고 막내 수지가 해파리에 쏘였던 기억을 불러올 수 있고, 심지어 파이의 값을 소수점 아래 11만 1700자리까지 기억할 수 있을지도 모른다.

당신이 주차 위치를
잊어버린 이유

"우리 집 주소가 뭐였더라?"

아버지는 5년째 살고 있는 동네 이름을 기억하지 못했다.

"차로 트라펠로가를 죽 직진하다가 오르막 직전에서 좌회전,

세 번째 집이 우리 집이에요. 그런데 주소는 모르겠어요."

그는 지금도 그때 일에 대해 이렇게 변명하고는 한다.

"누가 그런 것에 일일이 신경 쓰며 산다고."

내가 사십 대 중반이었을 때니 그리 오래전 일은 아니다(저자 리사 제노바는 1970년생이다—옮긴이). 매사추세츠주 케이프코드에서 케임브리지의 캔들스퀘어까지 차를 몰고 가서 주차장에 차를 세웠다. 시계를 보니 서둘러야 했다. 몇 분 후에 두 블록쯤 떨어진 곳에서 강연을 해야 했고 사정상 강연장에 미리 가 있어야 했다. 보통은 몇 층에 주차했는지, 어느 열에 주차했는지 등을 사진으로 찍어 기록해둔다. 하지만 그날은 지각할까 봐 주차구역의 사진을 찍지 않고 힐을 신은 불편한 발로 최대한 빨리 주차장을 빠져나왔다.

나는 제시간에 도착해 45분 동안 강연을 하고 질의응답을 마친

뒤 사인회를 했다. 아마도 한 시간 30분가량 소요되었을 것이다.

주차장으로 돌아가서 내가 차를 세웠다고 생각한 장소로 갔는데 차가 없었다. 나는 층간 경사로를 몇 번이고 오르내리며 차를 찾았지만 차는 보이지 않았다. 점점 초조해지고 눈앞이 캄캄해졌다. 층마다 돌아다니느라 발이 너무 아팠다. '틀림없이 4층에 세웠는데. 아니 3층이나 5층이었나? 내가 A구역에 세웠던가, 아니면 B구역, C구역? 모르겠어.' 도무지 생각나지 않았다. 내 차는 어디에도 없었다. 차를 잃어버린 것이다.

확신할 수 있는 것은 이 주차장에 차를 세웠다는 사실뿐이었다. 나는 간신히 정신줄을 붙잡고 리모컨 키의 버튼을 수없이 눌렀다. 삑삑 소리가 들리거나 번쩍하는 라이트 불빛이 보이기를 간절히 기도하면서. 하지만 아무 반응이 없었다. 그만 도난 신고를 해야겠다며 터벅터벅 걷던 내 눈앞에 내 차가 서 있었다. 처음 세워둔 바로 그 자리, 4B 구역이었다.

안심도 되고 창피하기도 했다. 식은땀이 흐르는 가운데 반사적으로 이 지옥 같은 경험을 기억력 탓으로 돌리고만 싶었다. 하지만 신경과학자로서 그럴 수는 없었다. 내가 차를 찾지 못했던 것은 기억력이 형편없어서도, 기억상실이나 치매나 알츠하이머 같은 병을 앓아서도 아니다. 일시적으로 차를 잃어버렸던 것은 기억과는 전혀 관계가 없다.

애초에 차를 세워둔 곳을 주의 깊게 보지 않았기 때문에 차를 찾을 수 없었던 것이다.

●●●

그 기억은 만들어지지 않았다

뭔가를 기억하고 싶다면,
무엇보다 먼저 무슨 일이 벌어지고 있는지 알아차려야 한다. 그
러기 위해서는 두 가지가 반드시 필요하다. 인지(보고, 듣고, 냄새
맡고, 느끼고)와 주의집중이다. 가령 지금 뉴욕 록펠러센터의 번쩍
거리는 대형 크리스마스트리 앞에 서 있다고 해보자. 우선 모양,
크기, 전구의 색깔 같은 시각정보가 눈의 망막에 있는 수용체인
막대세포와 원뿔세포를 통해 들어온다. 이 정보는 신호로 전환되
어 뇌 뒤쪽에 있는 시각피질에 도달하고 여기서 이 이미지 신호
를 처리하면 비로소 우리는 트리를 본다. 그런 다음 신호들은 인
식, 의미, 비교, 감정, 의견 등을 담당하는 뇌의 다른 구역에서 다
음 단계의 처리를 거친다. 하지만 크리스마스트리를 보는 행위에
주의를 기울이지 않으면 활성화된 신경세포들은 서로 연결되지
않고, 따라서 기억도 만들어지지 않는다. 크리스마스트리를 보고
있었다는 사실조차 기억하지 못하게 된다.

기억은 동영상을 찍는 카메라처럼 우리 앞에 전개되는 모든
광경과 소리를 끊김 없이 기록하는 것이 아니다. 우리는 주의를
기울인 부분만 캡처해서 저장할 수 있다. 그런데 지금 벌어지는
모든 상황에 주의를 기울일 수가 없으므로, 그중 어떤 것은 기억
하고 어떤 것은 기억하지 못한다. 앞서 언급한 초여름 바닷가로
다시 돌아가보자. 스모어, 레이디 가가의 노래, 해파리에 쏘인 수

지가 기억날 것이다. 하지만 실제로 보고, 듣고, 맛보고, 느낄 수 있는 대상은 그게 다가 아니었다. 그날 바닷가에 있었던 누군가는 핫도그, 맥주, 모기, 물개 등을 기억할지 모른다. 하지만 나는 그중 어떤 것도 기억하지 못한다. 같은 날 같은 장소에 대한 기억이 이렇게 다른 이유는 각자 주의를 기울인 대상이 다르기 때문이다.

하루 동안 우리의 감각기관이 마주하는 정보가 얼마나 방대한지 한번 생각해보자. 하루에 깨어 있는 시간이 16시간이라면, 우리의 감각기관은 5만 7600초 동안 잠시도 쉬지 않고 작동하고 있는 셈이다. 노출되는 데이터의 양은 어마어마하다. 하지만 우리는 눈, 귀, 코, 뇌에 제공된 정보 대부분을 기억하지 못하고, 또 기억하려고 하지도 않는다.

예를 들어보면 더 잘 와 닿을 것이다. 나는 로건국제공항에서 케이프코드에 있는 집까지 자주 차를 몬다. 출발하고 한 시간 정도 지나서 집에 도착할 때까지 약 40분 정도 남았을 무렵에 새거모어 다리를 건넌다. 케이프코드 운하를 가로지르는 약 430미터 길이의 4차선 도로와 철제 아치로 이루어진 다리다. 이 다리는 한번 보면 기억에 남는 웅장한 구조물이다. 한참 차를 몰다 보면 문득 의문이 들곤 한다. "잠깐, 나 벌써 다리를 건너온 거야?" 그제야 정신을 차리고 보면 나는 어느새 6번 도로의 5번 출구 앞에 와 있다. 이미 10분 전에 다리를 건넜다는 의미다. 내 몸은 이미 다리를 건너왔지만 그 거대한 다리를 건넌 기억은 전혀 남아 있지 않다.

하지만 내 눈은 분명 그 다리를 보았다. 눈은 시각정보를 인지했고, 다리의 이미지는 뇌 속의 시각피질에까지 무사히 도달했다. 즉 내 뇌도 틀림없이 다리를 보았다. 지금 내가 뇌에게 어린 시절의 가물가물한 기억을 세세하게 떠올려보라는 무리한 주문을 하는 것도 아니다. 불과 10분 전에 다리를 건넜으니까!

그러나 나는 다리를 건넌 기억을 떠올릴 수가 없다. 애초에 기억이 만들어지지 않았기 때문이다. 감각기관이 정보를 인지하는 것만으로는 기억을 만들기에 부족하다.

입력된 정보에 주의라는 신경자극이 더해지지 않으면 해마는 어떠한 감각정보도 장기기억으로 강화시키지 못한다. 내가 다리에 주의를 기울이지 않았기 때문에 다리 위를 주행한 경험은 몇 초 만에 흔적 하나 남기지 않고 뇌에서 사라져버렸다.

방금 한 말, 사람 이름, 전화기를 어디에 두었는지, 어마어마하게 큰 다리를 건넜는지 안 건넜는지 등이 생각나지 않는 첫 번째 이유는 주의를 기울이지 않았기 때문이다. 지금 눈앞에 있는 것도 주의를 기울이지 않으면 나중에 기억나지 않는다. 예를 들어 안경을 어딘가에 두면서 스스로 그 행동을 알아차리지 못하면 안경을 둔 곳에 대한 기억을 만들 수 없다. 나중에 안경을 못 찾아서 답답해하는 것은 엄밀히 말해 기억 때문이 아니다. 아무것도 잊어버리지 않았다. 기억 자체가 만들어지지 않았을 뿐이다. 안경을 잃어버린 이유는 주의를 기울이지 않아서다(그리고 안경은 아마 머리에 쓰고 있을 것이다!).

그러니까 뭔가를 기억하고 싶다면 우선 그 뭔가에 집중해야 한다. 안타깝게도 말처럼 쉽지 않다. 지금처럼 주의를 산만하게 하는 것들이 도처에 널려 있는 시대가 아니더라도 우리 뇌는 원래 집중을 잘 못 한다. 새거모어 다리를 건너던 나도 어쩌면 옆자리 사람과 대화를 나누거나 달콤한 몽상에 빠져서 주의가 분산된 상태였을지 모른다. 아니면 다리를 건너면서 겪은 세세한 경험이 내게 별로 중요하지 않았기 때문에 의식하지 않았을 가능성이 더 크다. 차로 다리를 건너는 행위는 반복되는 일상적 경험이다. 나는 그 다리를 수백 번 넘게 건넜다. 이를 닦고, 샤워를 하고, 옷을 갈아입고, 아침에 커피를 마시고, 저녁에 퇴근하는 행위들처럼 기본적으로 매일 반복되는 경험들에 우리는 주의를 기울이지 않는다. 주의를 기울이지 않기 때문에 기억하지 못한다. 우리는 우리가 보기에 흥미롭거나 의미 있거나 새롭거나 의외이거나 중요하거나 감정을 건드리거나 뒷일이 걱정되는 일에만 주의를 기울이고, 나아가 기억하는 경향이 있다. 뇌는 이런 일들만 세세하게 포착한다. 그 외의 것들은 무시해버리고, 따라서 잊는다.

1980년에 내 아버지는 어느 첨단기술 관련 회사에 개발 담당 부사장으로 취임했다. 인사 담당자와 함께 필요한 서류를 작성하던 아버지는 전화번호란을 망설임 없이 채운 다음 주소란에서 그만 막히고 말았다. 5년째 살고 있는 동네 이름을 몰랐던 것이다. 알츠하이머병을 앓는 노인이어서가 아니었다. 당시 아버지는 고작 39세였고 머리가 비상한 기업 임원이었다. 인사 담당자는 어떻게 자기가 사는 곳도 모르냐며 믿으려고 하지 않았다. 아버지는 어디 사는지 모르는 것은 아니라고 해명했다. "차로 트라펠로 가를 죽 직진하다가 오르막 직전에 좌회전, 첫 번째 골목에서 우회전하면 왼쪽 세 번째 집이 우리 집이에요." 아버지는 도로명이나 번지수 같은 것은 별로 중요하지 않아서 외운 적이 없다고 말했다. 인사 담당자는 재미있어하면서 이렇게 물었다. "그럼, 집이 무슨 색인지는 아세요?"

한참을 아무 말 못 하던 아버지는 씩 웃으며 이렇게 대답했다. "모르겠어요. 전화번호를 알려줄 테니 내 아내한테 물어봐요." 아버지는 지금도 그때 일에 대해 이렇게 변명한다.

"누가 그런 것에 일일이 신경 쓰며 산다고."

어떻게 5년간 출퇴근하면서 횟수로는 1825회나 드나들었을 자기 집이 무슨 색인지조차 모를 수 있을까? 어떻게 수년째 사는 동네 이름도 번지수도 기억하지 못할 수 있을까? 반복이 기억을 강화하는 것은 사실이지만 애초에 기억이 없으면 강화할 것도 없다. 주의를 기울이지 않으면 기억은 만들어지지 않는다. 아버지는 집의 색깔, 동네 이름, 번지수 같은 정보에 주의를 기울이지 않았기 때문에 기억이 아예 만들어지지 않았다.

애플 로고 찾아내기

                   만약 아버지의 경험이 너무 극단적 사례라고 여겨진다면 조금 공감하기 쉬운 사례를 가지고 이야기해보자. 앞서 이야기한 1센트짜리 동전이 좋겠다. 대단한 동전 수집가라서 정기적으로 동전을 살펴보고 동전의 형태에 주의를 기울이는 경우가 아니라면 동전이 정확히 어떻게 생겼는지를 보지 않고 떠올리기는 힘들 것이다. 살짝 도움을 주겠다. 여기 일곱 개의 동전이 있다.

    그중 여섯 개는 가짜다. 어떤 동전이 진짜인지 가려낼 수 있을까? 어떤 것을 골라도 확신하기는 힘들 것이다.

    1979년에 처음 동전 맞히기 테스트를 했을 때, 비슷비슷한 동전들 가운데 진짜를 정확히 가려낸 참가자는 절반도 되지 않았

다. 정답은 C다. 다른 오답자들처럼 글자의 위치, 얼굴의 방향이 정확히 기억나지 않았다 해도 좌절할 필요는 없다. 동전의 이런 특징들은 우리에게 특별한 의미가 없다. 동전의 가치나 우리의 자산에 아무런 영향을 미치지 않는데다가 앞뒷면의 자잘한 형상들이 우리에게 특별한 의미가 있는 것도 아니라서 한 번도 신경 써서 보지 않았을 것이다. 수십 년간 수천 번을 본다 한들 주의를 기울이지 않으면 기억은 만들어지지 않는다.

젊은 세대가 좀 더 공감할 만한 사례도 있다. 애플사의 로고는 인지도가 높고, 세계 어디서나 접할 수 있는데다 많은 사람이 노트북컴퓨터, 휴대전화, 광고에서 거의 매일 보는 이미지다. 사과 모양의 로고를 보지 말고 기억나는 대로 한번 그려보자. 자신이 그린 로고가 100퍼센트 정확하다고 확신하는가? 이제 47쪽에 나온 아홉 개의 그림 가운데 진짜 애플 로고를 가려내보라.

최초의 테스트에서 85명의 대학생 가운데 단 한 명만이 기억에만 의존해 애플 로고를 정확히 그렸다.* 동전 테스트에서와 마찬가지로 진짜를 골라낸 사람은 절반 이하(47퍼센트)였다. 이제 정답을 확인해보자. 아홉 개의 그림 중 하나를 골랐다면 틀렸다. 아홉 개 모두 가짜다.

어딜 가나 마주치는 로고를 알아보는 사람이 이렇게 적다는

---

* 85명의 대학생 가운데 52명은 애플에 대한 신뢰가 높은 사용자 집단, 23명은 애플과 윈도/안드로이드 중 어느 한쪽을 특별히 선호하지 않는 집단, 10명은 윈도/안드로이드를 선호하는 집단이었다. 로고를 식별하는 능력에 있어서는 세 집단이 차이를 보이지 않았다.

사실은 무엇을 의미할까? 애플의 브랜드 마케팅이 한심한 수준이라는 의미일까? 물론 아니다. 애플 제품은 누구나 바로 알아볼 수 있다. 하지만 로고든 동전이든 우리는 핵심 윤곽만 기억할 뿐, 세세한 부분까지 기억하지는 않는다. 반복적인 노출만으로는 뭔가를 확실히 기억하게 할 수 없다는 뜻이다.

실제는 아니지만 너무나 그럴듯한 상황을 하나 가정해보자. 파티장에서 친구 세라가 남편을 소개해준다. "안녕하세요, 밥이라고 합니다." 세라의 남편이 말한다. 나도 그에게 내 이름을 이야기해주고 서로 악수를 한다. 2분 후 여전히 세라의 남편과 이야기를 나누다가 문득 그의 이름이 기억나지 않는 것을 깨닫고 민망한 동시에 불안해진다.

아니면 이런 상황도 가능하다. 며칠 후에 장을 보러 갔다가 세라의 남편과 우연히 마주친다. 그는 환하게 웃으며 말한다. "안녕하세요, ○○씨!"

나도 그를 알아본다. 며칠 전 파티에서 만났다는 것도 안다. 그는 친구 세라의 남편이다. 하지만 그의 이름이 기억나지 않는다. 그래서 이렇게 말한다. "안녕하세요, 그때 그분!"

왜 밥이라는 이름을 기억하지 못할까? 분명히 들었는데. "안녕하세요, 밥이라고 합니다." 귀를 막아놓은 것도 아니다. 말의 소리가 청각피질에까지 도달했고 언어를 처리하는 뇌 영역은 그 말이 무슨 뜻인지도 이해했다.

하지만 밥이라고 말하는 소리에 노출된 것만으로는 부족하다. 그의 이름을 기억하기 위해서는 주의를 기울여야 한다. 일단 이름이 입 밖으로 나오면, 그 소리는 뇌 안에서 약 15~30초 동안 머무른다. 여기에 주의라는 신경자극이 더해지지 않으면, 밥이라는 이름은 순식간에 허무하게 사라져버린다. 해마가 그의 이름을 강화하지 않을 것이고, 따라서 기억으로 저장되지도 않는다. 그러므로 나는 사실상 밥의 이름을 잊은 것이 아니다. 주의를 기울이지 않았기 때문에 그의 이름은 아예 기억에 저장조차 되지 않았다.

● ● ●

무엇에 주의를 기울일 것인가

주의를 기울인다는 것은 의식적으로 노력한다는 의미다. 부주의는 뇌 활동의 기본 설정

값이다. 부주의한 뇌는 멍하니 있고, 딴생각을 하고, 지금껏 하던 일을 그저 기계적으로 되풀이한다. 의식의 배후에는 끊임없이 흐르는 생각들이 가득하다. 이 상태로는 새로운 기억을 만들 수 없다. 뭔가를 기억하고 싶으면 스위치를 켜서 뇌를 깨우고 각성시켜 주의를 집중해야 한다.

뇌는 우리가 주의를 기울인 대상만 기억하기 때문에 무엇에 집중할지 신경 써서 골라야 한다. 낙관적인 사람들은 긍정적인 경험에 집중하고, 따라서 긍정적인 사건들을 기억으로 남긴다. 우울할 때는 행복한 사건이나 즐거운 경험이 기억에 강하게 남기 힘들다. 행복은 우울한 기분과 어울리지 않기 때문이다. 먹구름에만 초점을 맞춘다면 햇살이 눈부신 순간이 와도 알아차리기조차 힘들다. 우리는 보고 싶은 대로 본다. 날마다 즐거운 것만 보려하고, 기쁘고 경이로운 순간에 집중한다면 이런 순간들을 포착해 기억에 남길 것이다. 이런 시간이 쌓이다 보면, 인생은 우리를 미소 짓게 만드는 기억만으로 가득할 것이다.

삶은 늘 온라인 상태이고, 쉴 새 없이 새로운 일이 생긴다. 우리 주변은 스마트폰, 페이스북, 트위터, 인스타그램, 메시지 착신 알림, 이메일, 한곳에 머무르지 못하는 사고 패턴 등 집중을 방해하는 것투성이다. 이 모두가 집중력을 훔쳐가고, 나아가 우리의 기억을 훔쳐간다. 집중을 방해하는 요소들을 최소화하거나 제거하면 기억력이 향상된다. 충분한 수면, 명상, 약간의 카페인(지나치게 많이 마시거나 취침 12시간 이내 섭취하지만 않는다면)은 집중력도둑들과 싸울 힘을 주고 집중력, 나아가 장기기억을 만들어내는 능력을 강화시킨다.

나와 같은 엑스세대(1960년대 중반에서 1980년대 초에 태어난 세대―옮긴이)는 한꺼번에 여러 가지 작업을 수행하는 이른바 멀티 태스킹이 마치 대단한 능력이라도 되는 것처럼 자랑하곤 한다. 마찬가지로 밀레니얼세대(1980년대 초에서 1990년대 중반에 태어난 세대―옮긴이)에게는 상대방과 대화하면서 모바일 채팅을 하고 눈으로는 넷플릭스를 보는 일이 흔한 일상이다. 하지만 지금 하고 있는 일과 경험에 집중하려는 사람이라면 두 가지 모두 바람 직하지 않다. 뇌는 기억을 만들려고 애쓰는데 주의가 분산되어 있다면 기억이 제대로 만들어지기 힘들다. 주의가 분산된 상태로 기억이 간신히 만들어졌다 해도 나중에 완전한 형태로 불러낼 수 있을 만큼 충실한 기억은 아닐 것이다. 강력하고 정확한 기억을 심기 위해서는 주의가 하나에 집중되어 있어야 한다.

지금 내가 하는 말을 정말 기억하고 싶다면, 우선 손에 든 휴대 전화부터 내려놓자. 그리고 혹시 차를 어디에 주차했는지 도저히 기억나지 않을 때는 잠깐 멈춰 생각해보자. 애먼 기억력을 탓하기 전에, 기억력이 왜 그 모양이냐며 스스로를 질책하기 전에, 알츠하이머병에 걸린 것 같다며 겁을 먹기 전에 차를 주차하는 순간 정신을 똑바로 차리고 집중했었는지부터 따져보자.

지금 이 순간,
작업기억

작업기억은 기억의 최초 관문이다.

우리가 경험할 수 있는 세세한 정보 가운데

우리의 주의를 사로잡고, 우리에게 특별한 의미를 지니거나

감정을 자극하는 것들은 따로 선택되어 해마로 전송된다.

새로운 기억을 형성하기 위해 반드시 주의를 집중해야 하지만 그
것만으로는 충분하지 않다. 초여름 저녁 해변에서 아름다운 석양
이 내 마음을 온전히 사로잡았다고 해서 내가 그 석양을 5년 후에
반드시 기억하는 것도 아니고, 심지어 5분 후에 깡그리 잊어버리
지 않는다는 보장도 없다. 주의집중이라는 신경자극이 가해지기
에 앞서 먼저 정보 혹은 경험을 장기기억으로 만드는 과정은 지금
이 순간, 바로 여기에서 시작된다.

뇌전증 치료를 위해 양쪽 해마를 절제한 헨리 몰래슨의 사례
로 돌아가보자. 해마가 없어진 헨리는 어떤 장기기억도 새로 만

들 수 없었다. 모르는 사람은 영원히 모르는 사람일 수밖에 없었다. 새로 만들어진 단어, 새로 나온 노래, 신작 영화의 줄거리, 어제 있었던 일, 무엇 하나 기억으로 남지 않았다.

하지만 그가 모든 것에 대한 기억을 잃은 것은 아니었다. 가령, 그는 의사에게 방금 들은 전화번호나 방금 읽은 짧은 목록을 똑같이 따라 말할 수는 있었다. 물론 1분 후에는 전화번호도, 심지어 의사와 대화를 나눴다는 사실조차 기억하지 못했지만 10개의 숫자를 적어도 몇 초 동안은 뇌 안에 머무르게 할 수 있었다.

그는 무엇이든 잠깐 동안 기억할 수 있었고, 계속 되뇐 것은 좀 더 오래 기억할 수 있었다. 그는 앞뒤가 호응하는 문장 하나를 끝까지 말하고, 사람들이 하는 말을 이해하고, 주의가 분산되거나 방해받지 않는 조건하에서 지시에 따라 행동할 수 있을 만큼의 시간 동안 기억을 유지했다. 그는 해마도 없이 어떻게 기억할 수 있었을까? 어떻게 단 몇 초 동안이지만 새로운 정보를 기억할 수 있었던 걸까? 해마는 사라졌지만, 헨리에게는 전전두피질prefrontal cortex이 남아 있었다. 이곳이 바로 지금 이 순간을 기억하는 부위다.

● ● ●

30초면 휘발되어버리는 기억들

지금 이 순간, 의식에 머물러 있는 것은 작업기억working memory이라 불린다. 지난주나 어젯밤은 물론 1분 전의 일도 여기에 머무를 수 없다. 작업기억에 머물 수 있는 것은 바로 지금 내 주의가 쏠려 있는 이 순간의 경험이다.

그리고 이어지는 다음 순간, 그리고 그다음 순간⋯⋯.

이것이 지금 이 순간의 기억이다. 바로 지금 듣고, 보고, 냄새 맡고, 맛본 것, 지금의 감정, 지금의 언어가 전전두엽의 제한된 공간에 아주 잠깐 머문다. 작업기억은 늘 가동 중이다. 지금 막 경험한 것 또는 주의를 집중한 대상을 딱 필요한 만큼만 보관한다. 가령 작업기억은 지금 읽고 있는 문장의 첫머리를, 문장을 다 읽을 때까지 남겨둠으로써 전체 문장을 이해하는 데 지장이 없게 한다. 한 순간을 다음 순간에 이어붙임으로써 지금 벌어지고 있는 일을 끊김 없이 이해하게 한다. 또 대화의 흐름을 따라가고, 영화의 줄거리를 이해하고, 12 곱하기 14를 암산할 수 있는 것도 작업기억 덕분이다. 눈으로 본 전화번호나 비밀번호가 전화기나 컴퓨터에 입력할 때까지 사라지지 않고 의식 안에 남아 있는 것도 작업기억 덕분이다.

머릿속을 스치고 사라지는 작업기억의 찰나성을 실감하게 해주는 사례들이 있다. 누군가 아무 연관성이 없는 10자리의 와이파이 비밀번호를 빠르게 불러주는데 나는 이를 받아 적을 도구가 없다. 급한 마음에 머릿속으로 앞자리 몇 개를 빠르게 되풀이하는데 보이지 않는 타이머가 재깍거리는 것 같다. 나는 혹시나 외운 게 날아갈까 봐 숨까지 참아가며 숫자와 알파벳을 미친 듯이 입력한다. 방금 입력한 비밀번호가 뭐였는지 누가 묻는다면 대답할 수 있을까?

심리학자들은 눈으로 본 것을 처리하는 작업기억을 시공간메모장visuospatial scratchpad이라고 부른다. 포스트잇에 사라지는 잉크로 급하게 적은 글씨를 상상해보면 이해가 빠를 것이다. 귀로 들은 정보를 처리하는 작업기억은 음운루프phonological loop라고 한다. 시공간메모장의 청각 버전이다. 방금 들은 소리가 머릿속에 남긴 짧은 잔영, 세상에서 제일 짧은 배경음악이다.

정보는 작업기억 안에 오래 머물 수 없다. 시각정보는 시공간메모장에, 청각정보는 음운루프에 겨우 15~30초 정도 보관된다. 그걸로 끝이다. 보관했던 정보는 새로 들어오는 정보에 자리를 내준다. 매 순간 새로운 일이 벌어지는 것이 인생이다. 우리는 내면과 외면에서 벌어지는 일들을 끊임없이 듣고, 보고, 생각하고, 경험한다(내 안에 있는 나에게 계속해서 이야기하고 있지 않은가? 방금 질문에도 대답했네). 다음 데이터가 작업기억에 들어오면, 먼저 들어왔던 것은 무엇이든 밀려난다.

한 가지 정보를 오래 보관하고 싶으면 입으로 계속 반복하거나 머릿속으로 되뇌면 된다. 다시 와이파이 비밀번호로 돌아가보자. 웹페이지에서 새로 고침을 클릭하듯, 비밀번호를 되뇌면 비밀번호는 다시 지금 이 순간의 정보가 되고 보관시한을 표시하는 타이머는 리셋되어 15~30초의 시간을 벌게 된다. 이 과정을 일정 시간 반복하면 비밀번호는 해마를 거쳐 장기기억으로 견고하게 저장된다.

만약 헨리의 주치의가 "코를 만지세요"라고 말했다면 헨리는 그 지시대로 행동하는 데 필요한 시간 동안만 의사의 말을 기억할 수 있었을 것이다. 의사의 지시를 머릿속으로 반복했다면 기억할 가능성은 커졌을 것이다. 작업기억을 이용해 그 순간 얻은 새로운 정보를 인지하고 이해할 수도 있었을 것이다. 하지만 작업기억의 한도를 초과하는 정보를 의식적으로 불러올 수는 없었을 것이다. 그리고 1분 후면 의사의 지시는 뇌에서 사라졌을 것이다. 자신이 코를 만졌던 사실 혹은 의사가 코를 만지라고 했던 사실조차 기억하지 못했을 것이다.

● ● ●

작업기억의 보관용량

작업기억은 지속시간도 아주 짧지만 보관용량도 크지 않다. 작업기억이 한 번에 보관할 수 있는 정보의 양은 얼마나 될까? 매우 적다는 사실도 놀랍지만 꽤 정확하게 규명되어 있다는 사실도 의외다. 작업기억의 보관용량은 1956년 조지 밀러^{George Miller}가 처음 규명했고 그의 연구 결과는 아직도 받아들여지고 있다. 작업기억은 15초에서 30초 동안 다섯 개에서 아홉 개까지의 정보를 보관할 수 있다.

여기서 한 가지 의문이 생긴다. 전화번호는 대개 10자리다. '한 번만 듣고도 전화번호를 정확하게 기억하는 나는 혹시 천재?'라고 생각한다면 아쉽게도 그렇지 않다.

다섯 개에서 아홉 개라는 마법의 숫자는 늘어날 수 있다. 기억하려는 정보를, 맥락을 갖춘 덩어리나 의미 단위로 나누면 된다. 실제로 우리는 늘 이 방법을 사용한다. 가령 우리는 전화번호를 한꺼번에 이어서 6175554062라고 외우지 않는다. 617-555-4062처럼 끊어서 외운다.

10자리의 수를 지역코드 세 자리, 앞 세 자리, 뒤 네 자리, 이렇게 세 부분으로 묶으면 작업기억의 용량을 초과하지 않는다. 또 보통은 전화번호를 숫자가 아니라 소리, 즉 음운루프로 변환해서 리듬이나 멜로디를 붙이곤 하는데 이것도 효과적이다.

비슷한 맥락에서 12062007을 그냥 기억하는 것보다는 12/06/2007로 끊으면 작업기억에 보관하기가 쉽다. 또한 2007년 12월 6일이라는 의미 있는 세 개의 단위로 나누었기 때문에 기억하기가 수월하다.

그렇다면 난이도를 높여보자. 15초 내에 18개의 글자들을 순서대로 정확히 외울 수 있을까?

ALMNVYESIGIANEAOSM

30초로 시간을 늘리면?

전문적인 훈련을 받은 기억력 대회 우승자가 아니라면 어림없다. 하지만 같은 글자들을 이렇게 배열하면 어떨까?

그럼 이 글자들을 뒤에서부터 거꾸로 외울 수도 있을까? 어렵지 않다. 다섯 개의 의미단위로 나누면 작업기억에 여유롭고 깔끔하게 넣을 수 있다. 하지만 같은 공간에 아무 의미 없이 배열된 18글자를 욱여넣는 것은 무리다. 끝까지 읽었을 때쯤에는 벌써 맨 앞의 글자 몇 개는 밀려난 후일 것이다.

이렇게 기억할 대상을 묶는다면 작업기억에 더 많은 정보를 넣을 수 있다. 반대로 발음에 긴 시간이 소요되는 단어들은 다섯 개에서 아홉 개도 다 들여놓지 못하고, 따라서 기억도 하지 못한다. 음운루프는 약 2초 안에 말할 수 있는 단어들을 개수에 상관없이 한 번에 처리할 수 있고, 역시 15~30초가 지나면 이 내면의 소리는 사라진다.

가령 작업기억을 이용해 여러 개의 단어를 외운다고 해보자. 단어의 음절이 많을수록 기억하기 어렵다. 다섯 개의 단음절 단어라면 평균 90퍼센트를 회상할 수 있다. 하지만 단음절 단어를 다섯 음절 단어로 바꾸면 이 비율은 50퍼센트로 떨어진다. 음절이 길어질수록 유지되는 정보가 줄어드는 이유는 다섯 음절 단어를 머릿속에서 또박또박 발음하는 데 더 긴 시간이 걸리기 때문이다.

예를 들어, 다음 단어들을 한 번 읽고 곧바로 기억할 수 있는지 시험해보자.

달, 공, 펜, 컵, 문, 돌

쉽지 않은가? 음운루프로 전환된 단어들의 잔영이 들렸을 것이다. 이제 다음 단어들도 딱 한 번만 보고 기억할 수 있는지 시험해보자.

인적성검사, 정형외과학, 건축설계사, 초자연현상, 운명주의자, 전문의약품

차이점이 느껴지는가? '운명주의자'쯤에서 그 앞의 단어들이 사라지는 것을 느꼈을 것이다. 첫 번째 목록의 단어들이 두 번째 목록의 단어들보다 시각화하기 쉽고 시각화는 기억의 강화와 인출에 도움이 되기 때문에 결과에 영향을 미쳤을 것이라고 생각할 수도 있다. 만약 수초 이상 지속되는 기억이라면 확실히 시각화가 잘되는 쪽이 유리하다. 하지만 순간적으로 기억했다가 사라지는 작업기억의 경우 시간 여유가 없다. 시각화 같은 추가 과정은 일어나지 않는다. 그래도 말이 나왔으니 다른 예를 들어보자.

선, 화, 정, 운, 품, 일

처음 목록처럼 쉽게 외워질 것이다. 시각적 단서와 연상은 장기기억의 강화와 인출에는 깊이 관여하지만 작업기억에는 힘을

쓰지 못한다.

이제 처음에 외웠던 단음절 단어 여섯 개를 떠올려보자. 첫 번째 단어인 '달' 이후에 여기까지 읽는 데 30초 이상 걸렸을 테니, 처음 여섯 단어는 이미 작업기억에 남아 있지 않을 것이다. 혹시라도 그 단어들을 기억하고 있다면 해마가 장기기억으로 저장하기 위해 해당 단어들을 처리하는 중일 것이다.

우리는 앞서 'MY NAME IS LISA GENOVA(내 이름은 리사 제노바입니다)'라는 문장이 작업기억에 쉽게 저장되는 것을 경험했다. 더 길고 복잡한 문장들이라면 어떨까. 단어든 문장이든 목록이든 포함된 음절의 수가 많을수록 기억하기 어려워진다. 음절 많은 단어가 여럿 들어 있는 길고 복잡한 문장을 읽다가 이해가 안 되어서 도중에 처음으로 돌아가 여러 번 나누어 다시 읽었던 경험이 있을 것이다.

스티븐 핑커의 『지금 다시 계몽Enlightenment Now』이라는 책의 15, 16쪽에 있는 문장 하나를 한번 읽어보자.

이 여러 미시 상태들 중에 우리가 관찰할 수 있는 범위에서 유용해 보이는 (한 물체가 다른 물체보다 뜨거워서 내부 분자의 평균 속도가 물체 속의 평균 분자 속도보다 높다고 해석할 수 있는) 경우는 가능한 경우들 가운데 아주 작은 부분을 이루는 반면, 무질서하고 유용하지 않은 (두 물체 내부의 평균 분자 속도가 같아서 온도 차가 없는) 경우들이 대다수를 차지했다.

한 번 읽고 (혹은 여러 번 읽어도) 이해하기에 버겁다고 느꼈는가? 왜 읽기 힘들었을까? 이 문장은 나누어 읽는다고 해도 너무 길고 복잡해서 작업기억으로 감당하기가 힘들다. 문장 끝부분을 읽을 때쯤이면 이미 첫 부분은 잊은 뒤다. 그래서 앞으로 돌아가 다시 읽어봐야 완전히 이해할 수 있다.

이번에는 더 짧고 단순한 문장을 읽어보자. 『스틸 앨리스』의 첫 문장이다.

벌써 그때, 1년도 더 전에, 그녀의 머릿속, 귀에서 멀지 않은 곳에서 신경세포들이 목 졸려 죽어가고 있었지만, 너무 조용히 죽어가는 그들의 소리는 그녀에게 들리지 않았다.

아마 한번에 읽고 이해할 수 있었을 것이다. 문장 끝에 도달했을 때도 여전히 첫머리의 단어들이 기억에 남아 있었을 테니까. 사이사이에 들어간 쉼표가 문장을 다섯 개의 덩어리로 나누고, 전체 문장을 읽는 데는 약 7초 정도가 걸린다. 작업기억의 용량을 초과하지 않는다. 하지만 끝까지 읽고 이해했다고 해도 몇 초만 지나면 이 문장은 의식에서 스르르 빠져나간다.

이전에 『스틸 앨리스』를 읽었다고 해도 아마 이 문장이 기억나지는 않았을 것이다. 외우면서 읽은 것은 아니기 때문이다. 우리는 보통 책을 읽으면서 문장을 외우지 않는다. 문장들은 읽자마자 거의 곧바로 작업기억에서 밀려난다.

영화를 볼 때도 비슷하다. 나는 어젯밤에 아이들과 〈어벤저스〉를 보았다. 아직 24시간도 안 지났지만 정확하게 외우는 대사가 없다. 단 한 줄도.

여기서 잠깐. 작업기억에 보관된 모든 정보가 수 초 만에 날아간다면, 어떻게 우리는 책의 내용을 조금이라도 기억하는 걸까? 애초에 굳이 책을 읽는 이유가 있을까? 오늘 아침에 뭘 먹었는지, 지난주에 춤 선생님이 안무와 함께 들려준 생소한 재즈 음악이 어떤 선율이었는지, 2017년 내가 했던 TED 강연은 무슨 내용이었는지를 어떻게 기억하고 있는 걸까? 매 순간 새로운 목록을 기억하고 15~30초에 한 번씩 새로운 전화번호를 외우고 살기에는 인생이 너무 복잡하다.

도대체 작업기억은 무엇을 위한 걸까? 작업기억은 대다수 사람들이 생각하는 것처럼 기억의 최초 관문이다. 지금 이 순간 우리가 경험할 수 있는 세세한 정보 가운데 우리의 주의를 사로잡고, 우리에게 특별한 의미를 지니거나 감정을 자극하는 것들은 시한부의 작업기억 중에서도 따로 선택되어 해마로 전송된다. 해마에서 강화된 정보들은 장기기억으로 전환되고, 장기기억은 작업기억과는 다르게 보관 기간과 용량에 제한이 없다는 것이 지금까지 알려진 바다.

지금 나는 부엌에서 컴퓨터를 이용해 이 글을 쓰고 있다. 내 손, 컴퓨터, 스타벅스 벤티 잔, 아이폰 화면에 뜬 읽지 않은 문자 알림과 지금 현재 3시 34분임을 알리는 숫자가 보인다. 잔디 깎는 기계 소리, 컴퓨터 키보드 두드리는 소리, 냉장고 모터 소리가 들린다. 나는 배가 고프다. 이것이 내가 경험하는 지금 이 순간이고, 이 경험은 15~30초간 내 작업기억에 머무를 것이다. 이 중에 어떤 부분도 특별한 의미를 갖지 않는다면 이 순간의 경험은 작업기억에서, 의식에서, 뇌에서 즉각 밀려나 영원히 사라진다. 나는 이 순간을 다시는 기억하지 못할 것이다.

만약 이 중 일부가 보관할 가치를 지니게 되면, 가령 지금 입력하고 있는 문장이 이 책의 마지막 문장이거나, 아직 읽지 않은 문자가 제시카 체스테인이 내 소설을 각색한 영화에 출연하고 싶어한다는 내용이거나, 내가 지금 이 순간에 관해 내 책에 써 넣어서 수십 번을 다시 읽고 수정한다면(수십 번 읽으면 설마 기억하겠지) 지금 이 순간 내가 인지하고 중요하다고 여긴 정보가 작업기억의 임시 공간에서 해마로 옮겨질 것이다. 그러면 해마에서는 신경세포들이 흩어져 있는 찰나의 감각정보들을 연결하여, 오늘 우리 집 부엌에서 있었던 일이라는 하나의 기억을 엮어낼 수 있게 된다. 이제 이 순간은 30초 후면 사라지는 기억이 아니다. 나는 지금 이 순간을 앞으로 수십 년간 기억할지 모른다.

근육기억,
몸이 기억하는 것들

헨리는 해마 절제술을 받았지만

지속적인 연습을 통해 별을 완벽하게 따라 그리는 데 성공했다.

한마디로 그는 학습할 수 있었다.

하지만 그림 그리는 법을 배웠다는 사실은

헨리의 의식에 남아 있지 않았다.

우리가 지금 이 순간에 주의를 집중하고 이 순간이 우리에게 충분한 의미를 지닌다면, 순간의 경험이 안정적이고 오래 지속되는 장기기억으로 강화될 수 있다. 장기기억에는 크게 세 가지 유형이 있다. 정보에 대한 기억, 사건에 대한 기억, 방법에 대한 기억이다.

나는 스키 타는 것을 좋아한다. 초등학교 6학년 때 사촌 캐서린에게서 물려받은 오래된 다이나스타 스키를 신고 처음 스키를 배웠다. 고등학교 시절에는 주로 뉴햄프셔에서 스키를 타다가 대학 시절에는 메인에서, 이후 뉴잉글랜드 여기저기에서 스키를 타면서 이십 대를 보냈다. 하지만 아이 셋을 낳고 슬로프라고는 모래언덕밖에 없는 케이프코드로 이사해 바쁘게 살다가 문득 정신을 차려보니 스키를 안 탄 지 어언 10년이었다.

다시 스키를 신고 새로 쌓인 눈과 가파른 얼음 경사면을 내려다보고 섰을 때, 공포가 교감신경계를 자극했다. 나는 주눅이 들어, 스키 타는 법을 잊었으면 어쩌나 자문했었다. 그래도 나는 숨을 한번 들이쉬고 골반과 폴의 팁을 앞으로 내밀었다. 이후 어떻게 내려가야 하는지 미처 생각할 겨를도 없이 어느새 도착 지점에 내려와 있었다. '자전거 타는 거랑 똑같네. 별거 아니잖아'라는 생각이 머릿속을 스칠 때, 내 얼굴은 틀림없이 신이 나서 환하게 웃고 있었을 것이다.

● ● ●

몸에 각인된 기억

대중문화에서는 이전에 배운 신체 기능에 관한 기억을 근육기억muscle memory이라고 부르곤 한다. 반복하고 집중해서 연습하다 보면 이전에는 서로 무관하던 복잡한 신체 동작들이 하나하나 힘들게 단계를 밟지 않아도 마치 하나의 동작처럼 연결 처리된다. 정확한 동작 패턴이 기억에 저장되면, 어떻게 하는지 의식적으로 생각하지 않아도 물 흐르듯 빠르고 정확하게 동작을 수행할 수 있다. 그래서 우리는 어떻게 해야 하는지 의식적으로 떠올리느라 에너지를 소모하지 않고도 〈엘리제를 위하여〉를 피아노로 연주하고, 자동차를 운전해 출근하고,

날아오는 야구공을 잡고, 부엌까지 걸어가고, 스키슬로프를 활강할 수 있다. 나이키 광고처럼 '그냥 한다Just do it.' 배우자가 5분 전에 한 말은 생각나지 않아도 근육기억은 여간해서는 손상되거나 사라지지 않는다. 그리고 수십 년을 사용하지 않았더라도 곧바로 다시 써먹을 수 있다.

하지만 '근육기억'이라는 용어는 옳지 않다. 나는 이 기억을 정당한 주인에게 되돌려주려고 한다. 우리 몸은 정해진 춤동작을 한번 익혀두면 시간이 지나도 같은 춤을 출 수 있다. 이때 마치 팔과 다리가 동작을 기억하고 있는 것같이 느껴지겠지만, 사실 이 기억은 근육이 아니라 뇌에 저장되어 있다.

배워서 알고 있는 방법을 실행하는 것은 뇌에서 기억이 활성화되는 덕분이지만 이런 종류의 기억은 우리가 흔히 생각하는 기억과는 조금 다르다. 우리는 기억이라고 하면 보통 지식(팔각형은 모서리가 여덟 개다, 내 전화번호는 ××××-××××이다, 지구는 둥글다)이나 과거의 일화(대학 시절 럭비를 하다가 십자인대가 파열되었다, 내 강연을 듣고 패럴 윌리엄스가 엄지를 치켜 올리며 웃어주었다, 지난주에 결혼식에 다녀왔다) 등을 떠올린다. 이런 종류의 기억을 서술기억 또는 명시적 기억이라고 한다. 내가 알고 있다고 확실하게 말할 수 있는 기억이다. 서술기억의 인출을 위해서는 과거에 학습한 정보, 이전에 겪었던 경험을 의식적으로 떠올려야 한다.

예를 들어, 〈유브 갓 메일〉이라는 영화에서 톰 행크스의 상대역을 연기한 배우가 누구냐는 질문을 받으면 우리는 해당 기억을 찾아 의식적으로 뇌를 뒤지고 답을 찾았다는 사실도 자각한다.

만약 이 질문이 너무 쉬워서 멕 라이언이라는 답이 즉각 떠올랐다면 난이도를 조금 높여보자. 영화 〈스플래시〉에서 톰 행크스의 상대역 혹은 어제 문자 메시지를 주고받은 사람을 모두 떠올려보자. 의식적인 노력이 느껴지는가?

이런 종류의 기억을 인출하려는 시도는 평소에 쓰지 않던 근육을 쓰는 것과 같다. '내가 이 방에 뭐 하러 들어왔더라? 저 남자 이름이 뭐더라? 전화기를 어디에 뒀더라?' 서술기억을 떠올리는 일은 힘겹고 답답하다. 때때로 의미 없는 일처럼 느껴질 수도 있다. 기억을 찾아 헤매고 있음을 스스로 의식하기 때문에 경우에 따라서는 지식이나 경험을 떠올리는 일이 견딜 수 없는 고역일 수 있다.

근육기억은 다르다. 근육기억은 운동 기능과 절차에 관한 기억이자 어떤 일을 하는 방법이 기록된 매뉴얼이다. 근육기억은 무의식적으로, 의식의 경계 너머에서 소환되는 기억이다. 자동차를 운전하고, 자전거를 타고, 젓가락으로 음식을 집고, 날아오는 공을 치고, 이를 닦고, 컴퓨터 자판을 두드리는 행위 등은 모두 근육기억을 이용한다. 아주 오래전 우리는 이런 것들을 할 줄 몰랐다. 그러다가 여러 번의 반복과 개선을 통해 방법을 터득했다. 올바른 절차들을 기억에 저장했다. 그리고 이제 우리는 자전거를 어떻게 타는지 기억하기 위해 잠시 멈추지 않고도 자전거를 탈 수 있다. 마찬가지로 미국 체조 선수 시몬 바일스Simone Biles(미국의 체조 선수. 2016년 리우올림픽 여자체조 금메달 4관왕을 차지했다—옮긴이)는 허공으로 날아오르면서 몸을 얼마만큼 틀어 회전해야 하는지 생각하지 않는다. 한번 익힌 절차들은 노력이나 의식을 하지 않아도 즉각 소환된다. 기억하지만 기억한다는 자각이 전혀 없다. 자동적이고 기계적이다. 자전거에 올라타면 자전거가 앞으로 나간다. 바일스는 유르첸코 기술Yurchenko(체조 도마 경기에서 도움닫기 후 바닥을 짚고 구름판을 굴러 뒤로 회전하는 기술—옮긴이)을 완벽하게 구사하고 착지한다.

그렇다면 근육기억은 어디에서 어떻게 만들어질까? 골프 동작을 배운다고 가정해보자. 강사가 다리와 어깨와 공을 어떻게 배치해야 하는지 알려준다. 강사는 팔을 쭉 뻗었을 때 골프채의 클럽페이스가 공에 닿도록 최적의 위치를 잡는 법도 알려준다. "무릎을 굽히세요. 너무 굽히셨네요", "손에 힘을 푸세요", "공을 똑바로 보세요" 등. 또 상체를 트는 법, 백스윙, 다운스윙, 공을 친 다음의 후속 동작 등도 몸에 익힌다.

정확하고 반복적이며 자동화된 동작들을 하나의 패턴으로 연달아 시행하기 위해서, 즉 골프 공을 치기 위해서는 개별적인 단계들이 순서대로 이어져야 한다. 연결된 하나의 기억단위로 소환되어야 한다는 말이다. 의미기억과 일화기억은 해마를 통해 강화되는 반면, 근육기억은 뇌의 기저핵이라는 부위에서 연결된다. 하나하나의 물리적 동작들을 연속적으로 수행하면, 이것이 하나의 신경 활성 패턴으로 해석된다. 같은 기술을 계속 연습하면 소뇌라는 다른 부위에서 '왼쪽으로 발을 조금 옮겨라', '손목을 굽히지 마라' 등의 추가적인 피드백을 제공한다. 이렇게 동작이 수정되고 개선되면서 실력이 향상된다.

해마는 새로운 일화기억과 의미기억을 만드는 데는 꼭 필요하지만, 근육기억의 형성에는 전혀 관여하지 않는다. 도무지 치료되지 않는 발작에서 벗어나기 위해 양쪽 해마를 제거한 헨리 몰래슨은 새로운 기억을 의식적으로 저장할 수 없게 되었다. 하지만 새로운 근육기억은 만들 수 있었다. 그는 5분 전에 일어난 일은 기억하지 못했지만 새로운 동작은 배울 수 있었다.

심리학자 브렌다 밀너의 가장 성공적인 실험은 헨리 몰래슨에게 따라 그리기를 가르친 것이다. 밀너는 헨리 몰래슨에게 중심이 같고 크기가 다른 두 개의 별 사이의 공간을 따라 별을 그리게 했다. 이때 거울에 반사된 종이와 연필만을 보면서 별을 그려야 했다. 쉽지 않은 작업이라서 헨리도 처음에는 서툴렀다. 하지만 지속적인 연습을 통해 실력이 향상되었고 마침내 거울만 보고 완벽하게 따라 그리기에 성공했다. 한마디로 그는 학습할 수 있었다. 이는 그가 거울을 보고 별을 따라 그리는 데 필요한 장기 근육기억을 형성하고 유지할 수 있었음을 의미한다. 하지만 해마 절제술 이후의 다른 모든 경험과 마찬가지로 그림 그리는 법을 배웠다는 사실은 헨리의 의식에 남아 있지 않았다. 매번 별을 그릴 때마다 그는 이런 것은 처음 해본다고 주장했다. 서술기억이 의식의 영역에 붙들어놓지 못한 것들을 근육기억이 무의식의 영역에 저장해둔 셈이다.

근육기억이 견고하게 자리 잡기 위해서는 여러 번의 집중적인 훈련을 통해 신경세포들이 반복적으로 활성화되어야 한다. 특정 동작에 필요한 신경 활성 패턴, 가령 골프 공을 치는 방법에 대한 기억이 강화되면 이 기억은 운동피질 내에 신경세포들의 연결 패턴으로 상존하게 된다. 이 운동피질 내 신경세포들이 척수를 통해 체내 모든 수의근에게 행동을 지시한다. 왼발 엄지발가락을 꿈틀거리고, 오른손 검지로 가리키고, 발레리나처럼 도약하고, 골프 클럽으로 골프 공을 치는 동작에 각각 대응해 운동피질 내의 여기저기에서 활성화되는 신경세포들을 확인할 수 있다.

● ● ●

반복 연습은 뇌를 단련한다

다른 종류의 기억들과 마찬가지로, 지속적인 반복을 통해 근육기억은 더 강해지고, 우리는 더 효율적으로 근육기억을 인출할 수 있게 된다. 연결된 신경세포들이 우리 몸에 행동을 지시하고, 우리는 연습을 통해 더욱 잘하게 된다. 우리는 연습으로 단련된 기능을 더 안정적이고 지속적으로 수행할 수 있다.

물론 근육 자체도 단련된다. 110미터 장애물달리기를 반복적으로 연습하면, 달리기와 장애물 넘기에 사용되는 근육들이 강화되고 필요한 기능에 적합하게 다듬어지면서 장애물달리기를 더 잘하게 된다. 하지만 장애물을 더욱 빠르고 실수 없이 넘는 능력이 발달한 것은 궁극적으로 뇌에서 연결된 특정 신경세포들이 반복적으로 활성화되고 강화되었기 때문이다. 장애물달리기를 남들보다 더 잘하는 것은 단순히 허벅지 근육이 더 커졌기 때문만은 아니다. 하루 종일 허벅지 단련 운동을 하면 근육은 커지겠지만 그렇다고 반드시 장애물을 완벽하게 넘을 수 있는 것은 아니다. 연습을 통해 장애물을 잘 넘게 되는 것은 뇌가 커졌기 때문이다.

특정 분야의 초보자가 달인으로 성장하는 동안 뇌의 변화를 스캔해 관찰하면 관련 동작을 할 때 활성화되는 운동피질 부위가 커지는 것을 알 수 있다. 가령 피아니스트라면 손가락의 움직임에 관여하는 운동피질 부위가 커지고, 거장의 반열에 오르게 되면 해당 부위는 더 넓은 영역을 차지하게 된다. 신체기능을 요구하는 어떤 분야의 전문가가 된다는 것은 더 많은 신경세포가 연결되고, 뇌의 더 많은 부분이 해당 근육기억에 할당된다는 이야기다.

무엇이든 반복하면 뇌는 달라지고, 뇌가 달라지면 몸을 움직이는 방식도 달라진다. 뇌를 변화시키기 위해 연습을 얼마나 해야 하는지 정확한 처방을 내릴 수는 없지만 일반적으로 새로운 운동기능을 익히는 데에는 사람의 이름이나 주차 위치를 기억할 때보다 훨씬 더 많은 반복이 필요하다. 말콤 글래드웰은 저서 『아웃라이어』에서 초보자가 전문가가 되기 위해서는 1만 시간의 연습이 필요하다는 1만 시간의 법칙을 소개했다. 얼핏 보면 1만 시간은 터무니없이 길게 느껴질 수 있다. 가령 나는 매주 한 시간씩 댄스 교습을 받는다. 브루노 마스가 피처링한 마크 론슨의 곡 〈업타운 펑크〉에 맞춘 안무를 처음 배우는 시간에는 땀을 뻘뻘 흘릴 것이다. 당연히 동작도 어색하고 스텝도 여러 번 엉킬 것이다. 하지만 두 번, 세 번 강습을 받는 동안 안무의 순서를 익힐 것이고, 그다음 시간에는 실수 없이 처음부터 끝까지 추게 될 것이다. 겨우 네 시간 만에 말이다. 어떻게 가능할까? 알고 보니 내가 타고난 춤꾼이어서? 그럴 리가. 〈업타운 펑크〉의 안무를 네 시간 만에 습득했다고 주장하는 것은 새로운 안무를 배우기에 앞서 수년간 춤과 함께한 시간, 그리고 그동안 단련된 내 근육기억을 무시하는 것이다. 나는 세 살 때 발레와 탭댄스를 처음 배운 이래, 고등학교 때에는 댄스 컴퍼니에서 춤을 췄고, 서른이 넘어서까지 보스턴 자넷 네일 댄스 스튜디오에서 춤을 췄다. 따라서 〈업타운 펑크〉의 안무를 능숙하게 소화하는 내 능력은 내가 평생 쌓아온 근육기억을 총동원한 덕분이다. 그 기간을 모두 합치면 대충 1만 시간 정도 될 것이다.

1만 시간이 상상도 못 할 비현실적인 시간인 것은 아니다. 어떤 분야에서든 대가가 되려는 사람은 집중적인 훈련과 반복을 통해 기량을 크게 향상시킬 수 있다는 글래드웰의 지적은 정확하다.

하지만 1만 시간을 쏟는다고 누구나 대가가 될까? 꼭 그렇지는 않다. 연습을 열심히 한다고 해서 애비 웜백Abby Wambach(미국 축구선수로 2001년부터 국가대표로 활동하다가 2015년 은퇴했다―옮긴이)처럼 공을 찰 수 있을까? 시몬 바일스처럼 도마를 뛰어넘을 수 있을까? 어쩌면 가능할지도 모르겠다. 하지만 키가 160센티미터인 내가 죽어라 연습을 해도 마이클 조던처럼 덩크 슛을 넣을 수는 없을 것이다. 어떤 사람은 특정 신체기능을 다른 사람보다 잘해낼 수 있는 뇌와 몸을 타고난다. 하지만 뭐든 잘할 수 있는 가능성이 있다면 의식적이고 집중적으로 연습해야 한다. 반복은 근육기억을 숙달하는 데 필수적이다.

근육기억이 형성되는 방식은 서술기억이 형성되는 방식과 다르다. 인출 방식도 달라서 그 차이가 매우 극명하다. 일단 학습된 근육기억은 의식적인 노력 없이 불러올 수 있다. 어떤 동작을 어떻게 해야 하는지 기억에서 불러오긴 하지만 이것이 의식적인 것은 아니다. 자전거를 탈 때, 뇌에서는 많은 일이 일어난다. 페달을 밟고, 몸의 평형을 유지하고, 방향을 바꾸고, 자전거를 멈추기 위해서 뇌는 기억을 끄집어내고 연결된 신경회로를 활성화한다. 하지만 이 모든 과정에 나의 의식은 개입하지 않는다.

슈만의 〈환상곡 다장조〉를 피아노로 연주한다고 해보자. 우선은 수많은 의식적인 과정, 집중적인 노력, 고된 연습이 필요하다. 하지만 일단 어느 정도 연습이 쌓이면, 즉 연주 과정에 대한 정보가 근육기억과 결합하고 나면 곡의 진행과 흐름에 대한 기억은 무의식의 영역으로 옮겨진다. 그러면 악보를 보지 않고 음표들의 패턴에 대해 생각하지 않아도 곡을 연주할 수 있다. 손가락이 건반에 닿기만 하면 연주가 시작된다.

우리는 의식하지 않은 채 하루 종일 근육기억을 사용한다. 이 책을 읽으면서 글을 읽는 방법과 절차를 의식하고 있는가? 아니다. 운전교습 시간에 배운 내용을 매번 운전할 때마다 하나하나 떠올려야 하는가? 아니다. 테니스를 칠 때 라켓을 휘두르는 세부 동작을 하나하나 의식적으로 떠올리는가? 아니다. 이메일을 쓸 때마다 자판을 외울 당시의 기억을 떠올리는가? 어쩌면 그럴 수도 있다. 나는 고등학교 1학년 때 교실 뒷자리, 친구 스테이시의 오른쪽에 앉아서 타자 연습을 했다. 연습이 지루했던 기억이 난다. 하지만 지금은 그때의 기억을 떠올리지 않고도 이 글을 입력할 수 있다. 자판 사용법이 기억에 저장되어 있기 때문이다. 이런 종류의 기억은 의식적으로 불러들이는 것이 아니다. 우리는 자판을 어떻게 두드려야 하는지 생각하지 않고도 글을 입력할 수 있다.

뇌가 이런 식으로 설계되었다는 점이 우리에게는 굉장히 유리하다. 근육기억은 무의식이 관리하는 신경회로에 맡겨버리고, 이미 아는 동작은 저절로 수행되도록 내버려두면, 뇌의 수뇌부, 즉 뇌의 CEO는 생각하고 상상하고 결정하는 고차원적 활동에 여유롭게 전념할 수 있다. 그래서 우리는 걸음을 옮기고 껌을 씹으면서 다른 사람과 대화를 나눌 수 있다. 내가 이 책을 쓸 수 있는 것도 손으로 글을 쓰거나 자판을 두드리고, 철자에 맞게 단어를 조합하는 기계적 과정을 일일이 의식할 필요 없이 독자들에게 전달하고자 하는 내용에 온전히 집중할 수 있기 때문이다.

우리의 뇌는 근육기억을 무한대로 형성할 수 있다. 뇌가 얼마나 많은 동작을 학습할 수 있는지 경이롭기까지 하다. 뇌는 구구단을 암기하고 외국어를 배우는 것은 물론 탱고를 추고, 뜨개질을 하고, 럭비공에 스핀을 넣어 완벽하게 패스하고, 물구나무를 서고, 외발자전거를 타고, 비행기를 날리고, 서핑과 스키를 즐기고, 엄지손가락 두 개로 문자 메시지 쓰는 법을 학습할 수 있다. 비록 우리의 근육기억 활용능력이 국가대표의 경지에는 턱없이 모자라더라도 뭐든 학습은 할 수 있다. 이 모든 활동에 포함된 하위 과정들은 반복을 통해 만들어진 무의식기억이 근육을 움직임으로써 자동 처리된다. 충분히 훈련하면 운동피질 내의 신경연결을 바꿀 수 있고 그러면 처음에는 말도 안 되게 낯설고 불가능해 보이던 동작도 아주 쉽게 할 수 있게 된다. 자전거를 타는 것처럼, 해보면 별것 아니다.

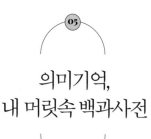

의미기억,
내 머릿속 백과사전

기억력 대회에 출전해 좋은 성적을 거두거나

파이를 11만 1700자리까지 외우는 것보다

우리는 그저 오늘 안에 해야 할 10가지 일,

와이파이 비밀번호, 마트에서 사야 하는 물건 대여섯 개 정도나

잊지 않고 기억하기를 바랄 뿐이다.

- 나는 매사추세츠에 산다.

- 해마는 의식적으로 인출할 수 있는 기억을 새로 만드는 데 필요하다.

- 나는 자녀가 셋이다.

- 빛의 속도는 대략 초속 30만 킬로미터다.

- H_2O는 물의 화학식이다.

- 파리는 프랑스의 수도다.

- 나는 작가다.

- 전 세계에는 약 5000만 명의 알츠하이머병 환자가 있다.

뇌가 어떤 정보를 중요하다고 인식하고 주의를 기울이면 그 정보는 한시적인 작업기억에서 벗어나 해마로 전달되고 강화 과정을 거쳐 장기기억으로 저장된다. 이렇게 우리가 의식적으로 붙잡아두는 장기기억은 우리가 알고 있는 것과 이전에 일어난 일에 대한 기억이다. 우리가 알고 있는 것, 이른바 의미기억$^{semantic\ memory}$은 학습한 지식, 삶과 세상에 관한 사실들을 저장해둔, 우리 뇌의 백과사전이다.

이런 정보는 학습 당시의 세부기억을 떠올리지 않고도 기억할 수 있다. 의미기억은 언제 어디서 그 기억이 생겼는지 등과 같은 개인의 경험과는 분리된 지식이다. 살면서 겪은 특정한 경험과도 묶여 있지 않다.

이에 반해 이전에 일어난 일, 특정 장소, 시간과 묶여 있는 정보는 일화기억이라고 한다. 우리는 이런 일화기억$^{episodic\ memory}$들을 간직하고 떠올린다. "부다페스트에 갔던 때를 떠올려봐." 반면 의미기억은 그냥 알고 있는 정보의 느낌이 더 강하다. "부다페스트는 헝가리의 수도다." 일화기억은 개인적이고 언제나 과거에 일어난 일이다. 의미기억은 정보이기 때문에 시간 제약이 없다. 단순 사실만 다룬다.

예를 들어, 나는 빛의 속도가 대략 초속 30만 킬로미터라는 사실을 안다. 나는 이 정보를 의미기억에서 꺼내 왔다. 이 정보를 학습할 당시의 특정한 상황에 대해 떠오른다면(나는 떠오르지 않는다) 일화기억이 된다.

마찬가지로, 우리는 조지 워싱턴이 미국의 초대 대통령이라는 사실은 알지만, 대통령 재직 시절의 조지 워싱턴을 기억하지는 못한다. 그때 아직 태어나지 않았으니까. 그리고 아마 대부분은 이 사실을 학습할 당시의 상황을 기억하지 못할 것이다. 아주 어린 시절 배웠기 때문에 긴 시간을 거치면서 일화기억이 희미해졌을 것이다. 언제 어디서 배웠는지는 잊어버리고 단지 배운 내용만 기억한다. "조지 워싱턴은 미국의 초대 대통령이다"라는 지식은 의미기억이다. 의미기억은 대통령, 수도, 수학공식 등 학교에서 배운 것들만을 의미하지는 않는다. 개인정보에 해당하는 데이터도 모두 의미기억이다. 나는 11월 22일에 태어났다. 태어날 때의 기억은 없지만, 11월 22일이 내 생일이라는 것은 안다. 서류에 기입하는 인적 사항과 관련된 모든 정보, 즉 이름, 주소, 전화번호, 생년월일, 결혼 여부 등은 모두 의미기억으로 저장된 정보다.

머릿속의 모든 데이터가 의미기억이기 때문에 많은 지식을 갖고 싶다면 의미기억의 생성은 물론 인출도 잘해야 한다. 그렇다면 의미기억은 어떻게 생성되고 인출될까? 오래 유지되는 의미기억은 대개 공부하고 연습해야 만들어지고, 여기에 기억을 유지하겠다는 뚜렷한 의도와 목표도 있어야 한다. 암기는 반복과 노력을 요한다. 하지만 반복과 노력에도 특별히 효과적인 방법이 따로 있다.

● ● ●

의미기억을 강화하는 기억술

살다 보면 때때로 외워야
하는 정보를 저절로 반복하게 되는 경우가 있다. 신생아나 걸음
마를 시작한 아기는 바로 이런 식으로 말을 배운다. 아기들이 처
음 하는 말이 마마, 다다, 바바 등인 것은 우연이 아니다. 발음이
쉬운데다 부모가 수없이 반복하는 말이기도 하다.

나는 차이 티라떼를 마시는 습관이 있어서 매일 스타벅스에
간다. 그곳 바리스타들은 내가 카운터에 다가가는 것만 봐도 벌
써 음료를 만들기 시작한다. 뭘 달라고 말할 필요도 없다. 주문이
단순하지도 않다. "벤티 사이즈로 뜨겁게. 시럽 펌프 2회. 우유 대
신 코코넛 밀크를 넣어주시고 물이랑 휘핑크림은 넣지 마세요(민
망하지만, 그래요. 내가 그 손님이에요)." 최근에 그 바리스타들에게
고객의 개별적인 요구 사항을 몇 가지나 기억하냐고 물었더니 대
략 50명 정도 고객의 주문을 외우고 있다고 했다. 바리스타마다
고객과 주문 음료를 연결시키는 방식이 각각 다르겠지만 의미기
억을 형성하기 위해 사용하는 공통 전략은 반복이다. 이 바리스
타들이 단골손님들의 개별적인 요구 사항을 외우는 이유는 나 같
은 손님들이 매일 나타나 그들의 뇌가 특정 고객과 특정 요구 사
항의 조합을 외울 때까지 반복 경험하게 만들기 때문이다.

그런데 반복적이고 습관적인 경험이 우리 뇌에 새로운 의미기
억을 서서히 각인시키는 긴 과정을 기다릴 여유가 없다면 어떻게

될까? 다들 시험이나 발표를 준비해본 경험이 있을 것이다. 뇌신경 12쌍의 이름, 미드웨이 전투의 자세한 역사, 맥베스의 "내일, 내일, 또 내일"이 나오는 독백(셰익스피어의 「맥베스」 5막 5장에 나오는 맥베스의 대사—옮긴이)을 다음 주에 있을 시험 전에 모두 외워야 한다면 어떻게 해야 할까? 기억을 오래 간직하려면 어떤 방법이 더 유리할까? 전날 밤 벼락치기로 외울 것인가 아니면 7일 동안 나눠서 조금씩 외울 것인가?

같은 시간을 공부한다면 조금씩 나눠서 외우는 편이 벼락치기보다 유리하다. 기억의 간격효과$^{spacing\ effect}$ 때문이다. 기억할 정보를 일정 시간에 걸쳐 간격을 두고 외우면 그 내용이 해마에서 완전히 강화될 수 있는 시간이 확보된다. 이렇게 나눠서 외우면 자신이 잘 기억하고 있는지 검증해보기도 쉽기 때문에 암기한 내용이 매우 강력한 회로로 자리 잡는다(이제 곧 설명할 내용이기도 하다).

그러므로 시험 직전의 밤샘 벼락치기는 가급적 피하는 게 좋다. 해마에 잔뜩 욱여넣은 정보를 아침에 토해내는 방식은 당장 좋은 점수를 보장해줄지 모르지만 이렇게 공부한 내용을 다음 주 혹은 다음 학년에도 기억할 가능성은 희박하다. 공부할 내용을 시간 간격을 두고 조금씩 외우면 더 많이 기억하고 덜 잊어버리게 된다.

이미 잘 알고 있겠지만, 기억하려는 정보에 반복적으로 스스로를 노출시키면 더 오래 기억하게 된다. 초등학교 2, 3학년 때, 8

곱하기 3이 24라는 사실을 수없이 반복하고 머리에 주입시키다 보니 결국에는 기억하게 되었을 것이다. 하지만 무작정 반복에 의한 암기보다 더 효과적인 방법이 있다.

앞에서도 이야기했지만 기억은 정보를 뇌에 강하게 심는 과정과 뇌에서 정보를 꺼내오는 과정을 모두 포함한다. 학습하고 떠올려야 한다. 새로운 정보를 효과적으로 학습하려면 습득하려는 정보에 뇌를 반복적으로 노출시키는 것은 물론, 학습한 정보를 반복해서 꺼내야 한다.

그러려면 스스로 묻고 답하는 연습이 필요하다. 그러므로 8 곱하기 3이 24라는 것을 반복적으로 되뇌기만 할 것이 아니라 '8 곱하기 3이 뭐지?'라고 스스로에게 반복해서 질문해야 한다. 그렇게 해서 답을 맞히면 학습한 정보를 인출하게 되고 그 과정에서 신경세포 간에 형성된 경로가 한 번 더 활성화되고 강화되기 때문에 기억이 더욱 견고하게 자리 잡는다. 외우려는 내용을 반복해서 읽기만 한다면 정보를 수동적으로 보고 인지하는 행위만 반복할 뿐, 정보를 꺼내오지는 못한다. 따라서 기억을 한 번 더 보강하는 추가 혜택은 누릴 수 없다. 반복해서 질문하고 답하는 것이 반복해서 읽기만 하는 것보다 효과적이다.

같은 원리로, 캐시라는 여성을 소개받았다면, 악수를 하며 캐시라는 이름을 한 번 따라 해보는 것도 좋다. "만나서 반가워요, 캐시." 당신은 캐시라는 이름을 벌써 두 번 들었다. 이름을 입으로 불러보는 것도 효과적이지만 더 좋은 방법은 스스로 테스트해보는 것이다. 시간이 지난 다음 아까 만난 사람의 이름이 뭐였는지 스스로 물어보는 것이다. 캐시라는 이름을 틀리지 않고 맞힌다면 다음에 다시 만났을 때 그 이름을 기억할 확률이 더 커진다.

이 점을 잘 보여주는 실험이 있다. 이전에 스와힐리어를 접해본 적이 없는 사람들에게 스와힐리어를 공부하라는 과제를 준다. 스와힐리어-영어 단어 40쌍을 주고 외우게 하는 것이다.

1번 집단에게는 단어 쌍들을 보여주고 정해진 횟수만큼 스스로 묻고 답하게 한다. 플래시 카드 같은 것을 상상하면 된다. 영어 단어를 보여주고 해당 스와힐리어 단어가 무엇인지 말한 다음 카드를 뒤집어 답을 확인해보는 방식이다.

2번 집단은 한 번 공부한 스와힐리어 단어들에 대해서는 학습을 중단하고 아직 암기하지 못한 단어들을 계속 읽게 한다. 자가 테스트는 하지 않고 외우지 못한 단어들만 계속 공부한다.

3번 집단은 1번 집단과 같은 횟수만큼 단어 쌍을 보지만 자가 테스트는 하지 않는다. 4번 집단은 2번 집단처럼 일단 외운 단어는 다시 공부하지 않았다. 하지만 이들은 단어들을 그냥 읽기만 하지 않고, 외우기 힘들었던 단어들만 자가 테스트를 했다.

일주일 후에 네 집단 모두 단어 외우기 시험을 보았다. (자가 테스트를 한) 1번과 4번 집단에 속한 참가자들은 80퍼센트의 스와힐리어 단어를 기억했지만, (자가 테스트를 하지 않은) 2번과 3번 집단은 약 35퍼센트만을 기억했다. 자가 테스트를 한 쪽이 단어를 두 배 넘게 외웠다!

정보를 기억하는 데는 또 뭐가 필요할까? 어떤 종류의 기억이든 만들고 불러오는 데에는 의미도 중요한 역할을 한다. 의미의 중요성은 아무리 강조해도 모자라다. 의미가 얼마나 대단한 역할을 하는지를 보여주는 사례가 있다. 헬싱키에서 숙련된 택시기사들과 택시를 몰아본 적 없는 대학생들에게 도로 이름을 나열한 목록을 외우게 했다. 목록의 순서가 실제 도로 배치, 즉 주행 경로와 일치하는 경우 베테랑 기사들은 목록의 87퍼센트를 기억했다. 학생들의 경우 45퍼센트만 기억했다.

왜 이런 결과가 나왔는지 충분히 이해된다. 경험이 많은 택시기사들은 시내 도로에 대한 더 많은 지식, 즉 의미기억을 가지고 있다. 길이라면 학생들보다 더 훤하게 꿰뚫고 있다는 얘기다. 하지만 도로명이 무작위로 나열되어 있는 경우, 즉 앞뒤에 적힌 도로들이 서로 연결된 도로가 아니라면, 운전 경험이 많건 적건 별 차이가 없다. 운전 중에 연달아 달리게 되는 주행 경로라는 의미가 사라진 상태에서 도로 이름만 나열된 목록은 의미가 없고, 따라서 숙련된 운전자들이 외우기에 유리한 조건이 아니다.

또 다른 사례도 있다. 체스 선수들에게 26~32개의 체스 말들이 실제 경기 상황처럼 배치되어 있는 체스보드를 딱 5초만 보여준 다음 빈 체스보드에 방금 본 대로 말을 놓아보게 했다. 체스 선수들의 기억력은 어땠을까? 마스터나 그랜드마스터 타이틀을 보유한 선수들은 평균 16개의 말들을 정확히 배치했다. 초보자들은 평균 세 개의 말을 정확히 배치했다. 예상대로였다.

하지만 이제부터가 흥미롭다. 만약 26~32개의 말들이 무작위로 배치되어 있어서 체스 규칙을 적용할 수 없는 상태라면, 체스 고수들이라도 기억하기에 유리하지 않고, 따라서 초보자들만큼 저조한 성적을 보였다. 평균 16개 말들의 위치를 기억했던 고수들이 겨우 세 개만을 맞혔던 것이다. 말과 그 말의 위치가 만드는 의미야말로 고수들이 보여준 놀라운 기억력의 비결이었다. 아무 말이나 막 던지면 고수라도 별수 없다(웃자고 하는 말이다). 누구든 자신에게 의미 있는 것만 잘 기억한다.

우리의 뇌는 지루하거나 무의미한 것들은 알려고 하지 않는다. 더 많은 정보를 기억으로 남기고 싶다면 나에게 의미 있는 정보가 되게 해야 한다. 의미의 부여는 기억술^{mnemonic}(무의미한 소재, 서로 관련이 적은 낱말이나 문장 등 기억해야 할 대상을 평소 잘 알고 있는 것이나 습관적인 배열 등과 연관 지어 쉽고 정확하게 기억하는 방법―옮긴이)의 원리이기도 하다. 피아노를 배울 때 높은음자리표가 보표에 걸린 자리인 다섯 음, 즉 미(E), 솔(G), 시(B), 레(D), 파(F)를 Every Good Boy Deserves Fudge(모든 착한 소년은 푸딩을 먹을 자격이 있다)와 같은 문장으로 외우기도 한다. 오선의 줄과 칸에 해당하는 음을 그냥 알파벳 순서대로 나열해놓은 것보다는 달콤한 푸딩이 들어간 문장이 더 잘 외워지고 오래 기억에 남는다. 문장에는 의미가 있기 때문이다. 나도 12쌍의 신경세포 이름을 암기할 때 우선 입에 착 붙는 라임부터 외웠다. "On old Olympus's towering top, a Finn and German viewed some hops(오래된 올

림푸스 언덕 꼭대기에서 핀란드인과 독일인은 홉(식물)을 보았다)." 각 단어의 첫 철자가 후각^{olfactory}, 시각^{opting}, 동안/눈돌림^{oculomotor}, 활차^{trochlear} 신경 등 12개 뇌신경을 순서대로 외울 수 있게 단서 역할을 한다. 문장에는 의미가 있어서 문장을 외우는 편이 연상을 불러일으키는 단서 없이 이름만 외우는 것보다 쉽다.

● ● ●

기억의 궁전

이처럼 의미기억을 강화하는 데는 단순한 기억술을 넘어서는 다양한 기법이 사용되지만 가장 강력한 방법은 우리 뇌가 지닌 가장 뛰어난 두 가지 재능 가운데 적어도 하나를 활용하는 것이다. 시각 형상화와 물체의 위치를 기억하는 방식이다. 뇌는 우리가 요구하는 대로 다양한 시각 형상을 아주 쉽게 만들어낼 수 있다. 예를 들어 오프라 윈프리가 부활절 토끼 의상을 입고 커다란 당근을 우적우적 씹고 있는 모습을 상상해보자. 오프라 윈프리가 보이는가? 당연히 보일 것이다. 이제 오프라 토끼를 어딘가에 놓아보자. 오프라 윈프리가 부엌 조리대 위에 앉아 있다. 잘 보이는가? 어렵지 않다. 그리고 또 뭐가 있을까? 지금 우리가 시각화한 형상은 매우 강하게 기억에 남을 것이다.

하지만 부활절 토끼로 분장한 오프라 윈프리가 부엌 조리대에 앉아 있는 이미지가 얼마나 쓸모 있을까? 이미지 하나만으로는 별로 쓸모가 없다. 하지만 이 시각과 공간 이미지를 기억하려는 대상과 결합하면 신경세포 간에 매우 강력한 연결망이 형성되면서 기억하고 싶은 정보를 불러오는 데 확실한 효과를 발휘하는 신호가 만들어진다.

앞에서 파이를 11만 1700자리까지 기억하는 일본의 은퇴 기술자 하라구치 아키라에 대해 이야기했었다. 그는 도대체 어떻게 그렇게 놀라운 기억력을 발휘하는 걸까? 하라구치를 비롯한 기억력 대가들은 의미 없는 일련의 숫자들을 나누고 묶어서 시각 형상화한다. 하라구치는 숫자들을 음절로 전환한 다음 이 음절로 단어를 만든다. 이 단어들로 정교하고 의미 있는 스토리를 구축해 머릿속에 시각화할 수 있는 상태가 되면 이후 매일매일 엄청난 연습을 통해 기억에 저장한다.

『1년 만에 기억력 천재가 된 남자Moonwalking with Einstein』를 쓴 기억력 챔피언 조슈아 포어는 하라구치와는 다른 방식으로 정보를 기억한다. 그는 우선 00부터 99까지의 두 자릿수들을 각각 인물-목적어-동사로 이루어진 의미와 짝을 지어 기억했다. 그러면 여섯 자릿수를 두 자리씩 나누고 묶어서 특정한 인물이 어떤 행위를 하는 장면을 만들 수 있다. 가령 10은 '아인슈타인이/당나귀를/탄다', 57은 '애비 웜백이/축구 공을/찬다', 99는 '제니퍼 애니스톤이/베이글을/먹는다'라는 의미와 각각 짝을 이룬다. 그리고 105799라는 여섯 자릿수가 주어지면, 10, 57, 99로 나누어, 순서대로 인물, 목적어, 동사를 붙인다. 그러면 '아인슈타인이 축구 공을 먹는다'가 된다. 예측을 벗어나고, 더럽고, 괴상하고, 흉측하고, 요란하고, 실현 불가능한 이미지일수록 더 강하게 기억에 남는다. 하지만 (유사한 다른 기법들도 그렇겠지만) 이 기법을 실제로 활용하기 위해서는 사전에 많은 것을 외워두어야 한다. 이런 식의 정신노동을 해야 한다는 생각만으로 벌써 피로가 밀려온다면, 나도 마찬가지다. 나는 그럴 열정도 시간도 없다. 기억력 대회에 출전해 좋은 성적을 거두거나 파이를 11만 1700자리까지 외우는 것이 죽기 전에 꼭 이루고 싶은 꿈이라면 모르지만, 실제로 그런 사람이 몇이나 되겠는가. 평범한 사람들은 대부분 이런 종류 혹은 이런 막대한 양의 정보를 외우고 싶지 않을 것이고 외울 필요도 없을 것이다. 우리는 그저 오늘 안에 해야 할 10가지 일, 와이파이 비밀번호, 마트에서 사야 하는 물건 대여섯 개 정도나 잊지 않고 기억하기를 바랄 뿐이다.

앞서 소개한 것들만큼 엄두도 못 낼 수준이 아니라 실현 가능한 방법인 동시에 좀 더 평범한 대상을 기억하는 데 써먹을 수 있는 기법이 있다. 바로 장소기억법 혹은 기억의 궁전mind palace이라는 방식이다. 어디에 먹을 것이 있고, 어디가 숨기에 좋고, 안전한 보금자리로 돌아오려면 어떻게 해야 하는지 등은 선사시대 인류가 생존하기 위해 꼭 필요한 정보였을 것이다. 어린아이건 팔순 노인이건, 공부와 담을 쌓은 학생이건 천체물리학자건, 인간의 뇌는 물건들이 어디에 있는지 이미지화하고 기억하도록 진화했다.

기억의 궁전을 이용하면 시각과 공간의 이미지를 활용하는 우리의 타고난 초능력을 발휘해 기억해야 할 대상을 물리적 장소들과 연상으로 묶을 수 있다. 물리적 장소들이 반드시 궁전에 있을 필요는 없지만 최소한 우리가 이미 알고 있는 장소여야 한다.

가령 집이 기억의 궁전이라면, 집 안의 동선을 따라 여섯 개의 장소, 즉 기억 보관 지점을 정해 시각적으로 떠올린다. 내 동선은 우편함, 현관 앞, 현관 벤치, 부엌 조리대, 오븐, 싱크대의 순서다. 어떤 장소를 선택해도 상관없지만, 평소 실제 이동 순서와 동일한 순서로 배치되어 있고 쉽게 떠올릴 수 있어야 한다.

이제 전화, 메모지, 필기구 없이 장을 본다고 가정해보자. 외부 장치의 도움 없이 달걀, 바나나, 아보카도, 베이글, 치약, 화장지 등 여섯 가지 물건을 기억했다가 사 와야 한다. 마음속으로 달걀은 우편함에, 바나나는 현관 앞에, 아보카도는 현관 벤치 위에, 베이글은 부엌 조리대 위(아까부터 앉아 있는 오프라의 손 위)에, 치약은 오븐에, 화장지는 싱크대 안에 둔다. 오후에 마트에 간 나는 마음속으로 기억의 궁전 안을 걷는다. 머릿속으로 내 집 내부를 떠올리며 물건을 놓아둔 장소를 차례로 방문한다. 우편함을 열면 그 안에는 달걀이, 현관 앞에는 바나나가 차례차례 마음의 눈에 보인다.

따로 리스트를 만들지 않거나 기억의 궁전을 사용하지 않는다면 적어도 뭐 하나는 빠뜨릴 것이다. (아마 베이글?) 사야 할 물건들을 연상, 시각 이미지, 장소 등과 묶지 않고 풍부한 이미지로 부호화하여 뇌에 집어넣기는 어렵고, 따라서 나중에 떠올리기도 힘들다. 기억의 궁전은 정보를 시각적 형상과 장소에 결합하는 방식으로 정교하게 부호화한다. 고도로 진화한 인간의 뇌는 시각 공간적 형상화를 즐기고 이 기법을 낚싯바늘처럼 활용해 기억해야 할 정보를 능숙하게 낚아 올릴 뿐만 아니라 마음만 먹으면 순서대로 기억하는 것도 가능하다. 그러니 이제 마트에 가야 한다는 사실만 잊지 않으면 될 텐데.

이제까지 소개한 반복, 시간 간격을 두고 나누어 암기하기, 자가 테스트, 의미 부여, 시각 공간적 형상화 등의 기법을 정기적으로 활용하다 보면 의미기억은 틀림없이 좋아지고, 그러면 더 많은 것을 기억할 수 있다. 더 많이 아는 것은 누구나 부러워할 만한 장점이다. 더 많이 아는 사람들이 똑똑하다. 하지만 세상에는 정보 말고도 기억할 것들이 많다. 물론 많은 정보를 기억하면 대학 입시에서 만점을 받을 수 있고 TV 퀴즈쇼에 나갈 수도 있겠지만, 많이 안다고 잘 사는 것은 아니다. 살면서 쌓인 여러 인생 경험과 지식이 결합할 때 비로소 우리는 현명한 사람이 될 수 있다. 그래서 우리는 정보와 지식뿐만 아니라 여러 가지 사건들도 함께 기억한다.

섬광기억, 잊지 못할
그때 그 사건

나는 2001년 9월 11일 아침의 너무 많은 순간이

고통스러울 정도로 자세하게 기억난다.

충격적이고 굉장히 의미 있으면서

격한 감정을 불러일으킨 경험들에 대한 일화기억을

섬광기억이라고 한다.

- 나는 1978년 눈폭풍이 지나간 후 비탈진 트라펠로 거리 한가운데서 썰매를 탔던 일을 기억한다.
- 나는 큰딸을 처음 품에 안았던 순간을 기억한다.
- 나는 친구 애슐리와 함께 콜드플레이 콘서트에 갔던 때를 기억한다.
- 나는 오스카 시상식 날 매튜 맥커너히가 "〈스틸 앨리스〉의 줄리앤 무어"라고 여우주연상 수상자를 호명했을 때를 기억한다.
- 나는 조를 처음 만난 밤을 기억한다.

일화기억은 내 인생에 일어난 일들에 관한 기억으로 내가 기억하는 나의 역사다. 시간과 장소에 묶인 기억이며, 살면서 겪은 일들의 시기와 장소에 대한 기억이다. 일화기억은 '그때 기억나니……'라는 주문으로 시작하는 과거로의 시간여행이다.

어떤 경험은 평생 달라붙어 사라지지 않는 반면, 어떤 경험은 하루가 채 가기도 전에 사라지곤 한다. 왜 우리는 지금껏 겪은 일 중에 어떤 것은 자세하고 또렷하고 쉽게 떠올리는 반면 어떤 것은 전혀 기억하지 못하는 걸까? 어떤 경험을 기억하고 어떤 경험을 잊을 것인지를 결정하는 것은 무엇인가? 왜 그냥 다 기억하면 안 되는 걸까?

기억 안 나는 것들부터 살펴보자.

- 5주 전 목요일 저녁에 먹은 음식
- 석 달 전 수요일 차로 아이들을 태워다 준 등굣길
- 지난 화요일 출근길
- 4월에 빨래한 날
- 금요일 아침에 한 샤워

● ● ●

기억나지 않는 것부터
떠올려보자

기억하지 못하는 사건들

은 공통점이 있다. 하나같이 반복되는 일상의 경험이라는 점이다. 즉 늘 하는 일이다. 기억에 남을 만한 요소가 전혀 없는 이 사건들은 습관적으로 매일매일 일어나는 단조로운 일들이다. 우리는 깨어 있는 대부분의 시간을 밥 먹고, 씻고, 물건 사고, 출퇴근하는 데 쓰지만 기억에서 이런 경험들이 차지하는 부분은 매우 작다. 일화기억은 늘 똑같은 일에는 관심이 없다. 우리는 평범하고 전형적이고 뻔한 것들을 오래 담아두지 않는다. 이런 경험들은 지금 이 순간이 지나면 잊어버린다. 나는 올해 쉰 살이다. 지금까지 살면서 저녁만 1만 8000번 이상 먹었다. 그중 내가 특별히 기억하는 저녁 식사는 몇 번이나 될까? 극히 적다.

'또 스파게티야? 평범하네. 잊어버려.'

그렇다면 우리는 무엇을 기억할까? 뇌는 지루하고 익숙한 것들은 지독하게 잘 잊어버리지만 의미 있고, 감정을 자극하고, 예측을 벗어나는 경험들은 기가 막히게 기억한다. 기억에 남는 저녁 식사가 있다면 한번 생각해보자. 모두 어떤 식으로든 특별한 점이 있다는 사실을 금방 깨닫게 될 것이다. 그렇지 않은 기억들은 점점 희미해지다가 사라진다.

예를 들어, 2019년 11월 28일 목요일 저녁에 무엇을 먹었는지 떠올려보자. 아마 기억나지 않을 것이다. 그런데 그날이 추수감사절이었다면 어떨까? 그날이 그냥 목요일이 아니라 특별한 목요일이기 때문에 어쩌면 우리는 2019년 11월 28일 저녁에 먹은 요리들을 하나하나 다 떠올릴 수 있을지 모른다. 나는 피칸 빵 세

조각, 라비올리(이탈리아계 가정인 우리 집에서는 끼니마다 파스타를 먹어야 한다), 칠면조, 크림 슈를 먹었다.

누구와 함께 식사했는지, 어떤 옷차림이었는지, 그날 오후 어떤 팀의 풋볼 경기가 있었고 어떤 팀이 이겼는지, 심지어 몇 대 몇으로 이겼는지, 날씨는 어땠는지도 기억날지 모른다. 그날 삼촌과 정치 얘기를 하다가 논쟁이 붙었고 밤에는 〈나 홀로 집에〉를 다시 봤다는 사실, 그날 하루 어떤 기분이었는지까지 모두 기억날 수도 있다. 그날은 특별한 의미가 있는 날이었기 때문에 그날 일어난 일들이 매우 상세하게 기억에 남아 있을 것이다.

하지만 2019년 11월 30일 저녁에 무엇을 먹었느냐고 묻는다면, 현재에 더 가깝고, 추수감사절과 불과 이틀 차이인데도 불구하고 아무것도 생각나지 않을 것이다. 나는 그날 누구와 무엇을 먹었는지, 어떤 옷을 입었는지, 날씨가 어땠는지, 기분이 어땠는지 전혀 기억나지 않는다. 그날은 그냥 여느 날과 다름없는 보통 날이었을 것이다. 우리는 그런 평범한 날은 기억하지 못한다. 그날의 저녁 식사에 특별한 의미가 있었거나, 식사 중에 뭔가 예상치 못한 일이나 감정을 불러일으키는 사건이 일어났거나, 내가 그날의 경험을 정기적으로 생각하고 입에 올리며 되새기지 않았다면 잊는 것이 보통이다.

오늘 아침 이를 닦을 때의 경험을 기억하지 못하는 것은 양치가 습관적 행위이기 때문이다. 우리는 익숙하고 파급효과가 없는 일은 무시하도록 학습한다. 무시는 망각으로 이어진다. 누누이 말하지만 기억하려면 주의를 기울여야 한다.

예를 들어, 남편이 매일 저녁 6시에 은색 도요타 캠리를 몰고 귀가한다고 하자. 일주일에 다섯 번 같은 일이 반복된다. 그것도 매주. 남편의 차가 들어오는 모습이 매일 저녁 6시에 부엌 창문을 통해 보인다. 아마 아내가 보기에 남편이 귀가하는 모습은 오늘이 어제 같고, 어제가 그제 같을 것이다. 매일 거의 똑같기 때문이다.

이제 남편이 오늘 저녁 5시에 빨간색 페라리를 몰고 주차장으로 들어오는 모습을 상상해보자. 남편은 여장을 했고 조수석에는 조지 클루니가 앉아 있다. '우와! 이런 일은 처음이야!' 이날의 경험은 모든 점이 그저 놀랍다. 놀랍다는 요소 하나만으로도 이날 저녁을 평생 기억할 사건으로 저장하기에 충분하지만, 아마 아내는 한술 더 떠서 주변 모든 지인에게 자신이 겪은 일을 몇 번이고 반복해서 이야기할 것이다. "세상에, 그 사람 차가 들어오는데, 넌 얘기해줘도 못 믿을 거야!" 매번 다시 이야기할 때마다 아내의 두뇌는 기억을 재활성화하고 하나하나의 경험이 부호화되어 저장된 신경경로를 다시 강화하기 때문에 그 기억은 강력하게 자리 잡는다.

하지만 남편이 그때부터 매일 저녁 5시만 되면 빨간색 페라리를 몰고 여장을 하고 조지 클루니와 다정하게 나타난다면 글쎄, 아무리 조지 클루니라도 매일 보면 (상상은 잘 안 되지만) 시들해질 수밖에 없다. 첫날의 경험은 계속 기억에 남아 있겠지만 10번째,

42번째, 112번째는 기억 못 할 것이다. 익숙해지기 때문이다. 익숙해진 경험은 매일 먹는 스파게티, 매일 마시는 커피, 매일 하는 양치 같은 다른 일상과 다를 바 없다. 여느 날, 하나도 특별하지 않은 날이다. 특별하지 않은 날은 금방 잊어버린다.

● ● ●

섬광기억,
강렬한 감정이 남긴 흔적

성공, 실패, 사랑, 모멸, 결혼, 이혼, 탄생, 죽음 등 감정이 결부된 사건들도 오래 기억에 남는 경향이 있다. 여러 연구에 따르면 사람들은 감정을 유발하는 경험을 그렇지 않은 경험에 비해 더 잘 기억한다. 일반적으로 감정이 강력할수록 기억은 더 생생하고 세세한 내용까지 정교해진다.

감정과 의외성이 편도체amygdala라는 뇌 부위를 활성화하고, 자극을 받은 편도체는 해마에 강력한 신호를 보낸다. 단순화하면 이런 식이다. "이봐, 지금 진짜 중요한 일이 벌어지고 있어. 이거 꼭 기억해야 돼. 단단히 저장해둬!" 그러면 뇌는 우리의 경험과 연관해 우리가 어디에 있었고, 누구와 있었고, 언제였고, 그때 기분은 어땠는지 등의 세부적인 맥락을 포착해서 한데 묶는다. 감정과 의외성은 뇌 속을 요란스럽게 행진하는 대규모 취주악대처럼 신경회로를 자극해 지금 벌어지고 있는 상황을 알아차리게 한다. 반복되는 일상에는 감정적 요소도 의외성도 없다.

감정적 반응을 불러일으키는 경험은 우리에게 중요한 의미를 가진 경험일 가능성이 크기 때문에 우리는 그런 기억을 곱씹는 경향이 있다. 감정과 결부된, 의미 있는 이야기들을 되돌아보고, 다시 말함으로써 이 기억들을 더 강하게 만든다.

전혀 예상하지 못했고 극히 감정적인 어떤 일을 경험한다면 소위 섬광기억flashbulb memory이라는 것이 생성될 수도 있다.

- 존 F. 케네디 전 미국 대통령이 암살당했을 때
- 우주왕복선 챌린저호가 폭발했을 때
- O. J. 심슨(전직 미식축구 선수로서 1994년 전처를 포함해서 두 사람을 살해한 혐의로 체포되었으나 무죄선고를 받았다―옮긴이)에 대한 배심원 평결이 나왔을 때
- 영국 다이애나 비가 사망했을 때
- 2001년 9월 11일에
- 트럼프가 대통령으로 당선되었을 때

그때 당신은 어디에 있었는가?

카메라 플래시를 연상시키는 명칭과 달리 섬광기억은 사진처럼 기록되는 기억은 아니다. 하지만 섬광기억도 어떤 사건에 대한 세세한 정보를 선명하게 포함한다. 특정 사건이 벌어졌을 때 내가 어디에 있었고, 누구와 있었고, 날짜는 며칠이었고, 어떤 옷

을 입었고, 나와 사람들이 무슨 말을 했고, 날씨는 어땠고, 기분은 어땠는지 등의 기억이 사건 전날의 기억 혹은 현재를 기준으로 불과 일주일 전의 기억보다도 훨씬 선명하고 상세하다. 예를 들어 나는 2001년 9월 11일 아침 너무 많은 순간이 고통스러울 정도로 자세하게 기억난다. 하지만 그 전날이나 그다음 날의 일은 아무것도 기억나지 않는다.

섬광기억은 충격적이고 굉장히 의미 있으면서 공포, 분노, 슬픔, 기쁨, 사랑 등의 격한 감정을 불러일으킨 경험들에 대한 일화기억이다. 이렇게 완전히 예상 밖이고, 개인적으로 중요한 의미가 있으며, 감정이 잔뜩 결부된 경험은 절대 잊지 못할 기억이 되어 몇 년 후에도 금방 떠올릴 수 있다.

사회적으로 떠들썩했던 사건들에 관한 기억만 섬광기억으로 남는 것은 아니다. 교통사고나 부모님의 사망처럼 개인적인 사건도 섬광기억을 만들 수 있다. 또 반드시 부정적이거나 비극적인 사건일 필요도 없다. 배우자로부터 청혼을 받은 날, 보스턴 출신이라면 레드삭스 팀이 2004년 월드시리즈에서 우승한 날 등의 기억도 섬광기억이 될 수 있다.

하지만 잘 알려진 사건에 대한 섬광기억을 간직하고 있다면 그것은 스스로 그 사건과 개인적 연관이 있다고 느끼기 때문이다. O. J. 심슨 사건에 대한 배심원 평결과 영국 다이애나 비 사망 사건도 많은 사람에게 충격을 주었다. 하지만 그로부터 오랜 세월이 흘렀음에도 두 사건을 총천연색으로 기억하는 사람이 있다면 그

것은 두 사건이 개인적인 일처럼 느껴지기 때문일 것이다. 몇 주 동안 텔레비전 화면에서 눈을 떼지 못하고 O. J. 심슨의 재판 중계방송을 보면서 배심원 평결에 온 관심을 쏟았다거나 영국 다이애나 비가 찰스 황태자와 결혼하는 모습을 지켜본 이후 바다 건너에 있는 그녀를 늘 흠모했다거나.

미국에 있는 내가 영국에서 폭탄테러가 있었다는 소식을 뉴스에서 듣고 그 내용을 나중에 떠올리는 상황이라면, 아마 옆에 있는 친구에게 "영국 폭탄테러 얘기 들었어?"라고 말할 것이다. 이렇게 사실을 떠올리고 공유하지만, 사건이 너무 멀리서 일어난데다 세계 곳곳에서 일어나는 잔악무도한 사건들에 일일이 감정을 실을 수는 없기 때문에 해당 뉴스를 접한 기억은 아마 시간이 흐르면 옅어질 것이다.

하지만 나는 보스턴 마라톤 폭탄테러 사건에 대해서는 섬광기억을 가지고 있다. 내가 보스턴 출신인데다 보스턴 마라톤 결승점에서 선수들을 직접 본 경험이 여러 번 있기 때문에 2013년 4월 사건 당일 내가 누구와 어디에 있었고, 어떤 기분이 들었는지 작은 부분까지 생생하게 기억한다. 충격적인 사건이었다. 무섭고 슬펐으며 마치 내가 당한 일 같았다. 보스턴에 연고가 없는 세계 여러 나라의 장거리달리기 선수들 역시 그 사건에 대한 섬광기억을 갖고 있을 것이다. 하지만 캔자스나 아르헨티나 출신이고 장거리달리기 선수도 아니라면, 언젠가 보스턴 마라톤 대회에서 폭탄이 터졌다는 사실(의미기억)을 알고는 있겠지만 그 뉴스를 들을 당시에 자신이 무슨 일을 하고 있었는지는 아마 기억하지 못할 것이다.

●●●

인생을 어떤 이야기로 가꿀 것인가

나에게 가장 의미 있는 일화기억들을 하나로 엮으면 내 인생 이야기가 된다. 이렇게 한데 모인 기억들은 자서전적 기억autobiographical memory이라고 한다. 첫 키스, 결승골을 넣은 날, 대학 졸업식 날, 결혼식 날, 처음 집을 사서 이사한 날, 파격적인 승진, 자녀의 탄생과 같이 인생의 주요 장면들이 여기에 포함된다. 자서전적 기억 하나하나에 담긴 의미 있는 순간들이 반드시 무지갯빛의 신비한 동화 속 장면들은 아니다. 무엇을 기억하는지는 인생을 어떤 이야기로 만들 것인가에 따라 달라진다. 우리는 자신의 정체성과 인생관에 부합하는 기억들을 저장하는 경향이 있다.

내 친구 패트는 내가 아는 사람들 가운데 가장 긍정적이다. 패트의 자서전적 기억은 틀림없이 웃음, 감사, 경외로 가득할 것이다. 반면 내 친척인 애지 할머니는 불평을 입에 달고 사신다. 할머니의 인생 서사, 즉 할머니가 자신의 인생에서 의미 있는 기억으로 남겨놓은 이야기들을 모으니 한 편의 비극이 되었다(어린 시절 나는 할머니의 본명이 고통을 뜻하는 애거니Agony가 아닐까 진지하게 생각했던 적도 있다). 마찬가지로 스스로 총명하다고 생각하는 사람은 뭔가 지적인 성과를 냈을 때의 일은 세세히 기억하는 반면 바보 같은 실수를 했을 때의 일은 잊어버렸을 확률이 높다. 계속해서 자신이 얼마나 똑똑한지를 보여주는 일화들에 대해서만 기억을 불러오고 회상하다 보면, 그런 기억들은 더 안정적이고 견고하게 자리 잡고 자신이 똑똑한 사람이라는 믿음도 강해진다.

감정을 자극하는 요소가 없고 매일 비슷하게 반복되는 일상의 작은 부분들이라서 또는 스스로가 어떤 사람인지에 대한 믿음에 부합하지 않아서 기억에서 밀려난 일화들 외에 우리가 기억하지 못하는 것은 또 무엇이 있을까? 과거의 사건들 가운데 세 살 이전의 기억은 거의 남아 있지 않고 여섯 살 이전의 기억도 매우 드물다. 가장 오래된 일화기억은 짧고 단순한 이야기, 순간적으로 스친 감각 같은 것들로 스스로를 주인공으로 하는 하나의 일관된 인생서사와는 아무런 연관이 없다. 성인이 되어 기억할 수 있는 최초의 일화기억이 형성되는 시기는 평균 3세다. 3세 이전의 기억이 남아 있는 경우는 극히 드물다. 대개 동생이 태어나고, 부모가 사망하거나 심하게 병을 앓고, 새집으로 이사하고, 전혀 예측하지 못한 사건이 벌어졌던 기억이거나 다른 사람이 반복적으로 들려준, 나를 주인공으로 하는 이야기를 근거로 한 의미기억이다.

어린 시절의 기억을 가리고 있던 짙은 안개가 걷히는 때는 6세 혹은 7세 정도. 이제부터의 기억은 나를 중심으로 한 서사에 곁들여진 일화들이다. 7세 무렵의 기억이 내 인생기억을 엮은 텔레비전 드라마의 첫 시즌 첫 회를 보는 느낌이라면, 4세 무렵의 기억은 나와 상관없는 드라마를 아무 시즌이나 골라 중간부터 보는 느낌일 수 있다.

왜 우리는 아주 어릴 때의 일을 조금밖에 기억하지 못할까? 뇌에서 언어의 발달은 일화기억을 강화·저장·인출하는 능력과 상응하여 일어난다. 과거에 있었던 일을 이야기하고 세부적인 경험을 하나의 일관된 서사로 정리하기 위해서는 언어와 연관된 해부학적 구조와 회로가 갖추어져야 한다. 따라서 성인이 되어 접근할 수 있는 기억은 경험을 말로 옮길 수 있는 언어능력을 갖춘 이후에 일어난 일들에 관한 기억이다.

섬광기억 외에 어떤 자서전적 기억이 가장 선명하게 남을까? 가장 또렷한 것은 지난 1, 2년 사이의 기억이다. 최근성 효과recency memory 때문이다. 최근에 만들어진 기억은 거미줄을 헤치며 다락방 깊숙이 기어들어가지 않아도 쉽게 찾을 수 있다.

하지만 일화기억을 형성하는 사건들은 대개 15세에서 30세 사이에 모여 있다. 이때가 우리 인생에서 가장 기억에 남는 사건들이 집중되는 회고절정reminiscence bump의 시기다. 왜 그럴까? 확실하지는 않지만 대다수의 과학자들은 첫 키스, 첫 사랑, 첫 자동차, 첫 대학 생활, 첫 성경험, 첫 직업, 첫 집, 첫 결혼, 첫아이 등 다양한 방면에서 첫 경험을 가장 많이 하는 시기이기 때문이라고 생각한다. 이 시기에 인생은 목표와 의미로 채워지기 시작한다. 그리고 여기서도 뇌는 의미 있는 것들만 기억한다.

그래서 일화기억을 형성하고 저장하기 위해서는 감정, 의외성, 의미 등이 필요하다. 하지만 세상에는 이런 요소들이 없는 사건도 기억하는 소수의 사람들이 있다. 다른 사람보다 자서전적 기억능력이 월등한 과잉기억증후군(HSAM)을 가진 사람들은 어린 시절이 끝나갈 무렵부터 자신의 인생에 매일매일 일어난 거의 모든 일들을 자세한 부분까지 떠올릴 수 있다. 2001년 9월 11일이건, 그냥 1986년의 아무 월요일이건 그들에게는 차이가 없다. 이런 과잉기억증후군을 가진 사람들(전 세계적으로 확인된 사례는 100명 미만)은 특별한 날이건 평범한 날이건 상관없이 매일 일어나는 모든 일을 기억한다. 충격도 감정도 의미도 없는 모든 날이 그들에게는 섬광기억이나 첫 키스의 경험처럼 기억된다.

　　과잉기억증후군을 가진 사람에게 그가 살아온 시대에 속하는 날짜를 하나 제시하면, 그는 단 몇 초 안에 그날이 무슨 요일인지, 날씨는 어땠는지, 그날 자신이 누구와 무엇을 했는지, 자신에게 무슨 일이 있었는지, 세상 사람들이 알 만한 사건으로 무엇이 있었는지, 그 사건들에 대해 어떤 느낌을 받았는지 말할 수 있다. 이 마법 같은 능력은 달력의 날짜를 세거나 남다른 암기력을 활용한 것도, 특별한 속임수를 쓴 결과도 아니다. 사실과 정보에 대해 월등한 기억능력을 발휘하는 자폐 성향의 서번트증후군과도 다르다. 과잉기억을 가진 사람들도 남의 얼굴이나 전화번호를 외우고, 배관기사에게 전화하고, 열쇠 둔 곳을 기억하는 등 일상생활에 필요한 기억력은 평범한 수준이다. 하지만 일화기억에서만큼은 아직 설명되지 않은 일종의 초능력을 발휘한다.

가령, 다음 네 개의 날짜를 한번 생각해보자.

- 1977년 7월 20일
- 1988년 10월 3일
- 1992년 6월 15일
- 2018년 9월 14일

그리고 각 날짜에 대해 다음 질문에 답해보자.

- 무슨 요일이었나?
- 해당 날짜에 일어난, 확인이 가능한 사건 보도 또는 해당 날짜
  를 기준으로 1개월 전후에 일어난 일 가운데 뭐든 기억나는 일
  이 있는가?
- 해당 날짜에 내 신상에는 무슨 일이 있었는가?

나도 그렇지만 대부분의 사람들은 별로 대답할 거리가 없을
것이다. 나는 1988년 10월 3일에 대학 신입생이었지만 그날 특
별히 무슨 일이 있었는지는 기억나지 않는다. 무슨 요일인지는
짐작도 못 하겠고, 전 세계적으로 무슨 일이 있었는지는 기억도
없다. 다른 날짜들에 대해서도 마찬가지로 어렴풋한 기억만 있
다. 대략 그즈음에 어디에 살았고 무슨 일을 했는지는 기억나지

만, 그 날짜에 있었던 일이라고 콕 집어 말할 만한 기억은 없다.

하지만 과잉기억증후군을 가진 사람들에게 같은 질문을 했더니, 97퍼센트는 요일을 정확하게 맞혔고, 87퍼센트는 확인 가능한 사건을 댔으며, 71퍼센트는 일화기억을 떠올렸다. 평범한 기억력을 가진 사람들은 14퍼센트만이 정확한 요일을 맞혔고(7일 가운데 하루를 맞힐 확률에 불과하므로 우연이다), 1.5퍼센트는 확인 가능한 사건을 기억해냈으며, 8.5퍼센트는 일화기억을 불러냈다. 한심한 성적이다.

과잉기억을 가진 사람들은 어떻게 아무 노력도 하지 않고 자신의 일생에서(대개 10세 이후) 무작위로 고른 날에 있었던 일들을 상세하게 요일까지 정확히 기억할 수 있을까?

"1988년에 있었던 일은 하루하루 다 기억나요." 시트콤 〈택시〉의 일레인 나도 역으로 가장 잘 알려진 탤런트, 영화배우, 연극배우이면서 이 지구상에서 과잉기억증후군을 가진 몇 안 되는 사람 중 하나인 마릴루 헤너^{Marilu Henner}의 말이다. "주소나 전화번호처럼 외우고 있거든요."

마릴루에게 앞의 날짜와 관련해 뭐든 기억나는 것이 있느냐고 묻자 바로 대답이 돌아왔다. "1977년 7월 20일. 그날은 수요일이었어요. 나는 리처드 기어와 〈좋은 형제들^{Bloodbrothers}〉을 촬영 중이었어요. LA로 이사한 지 한 달쯤 됐죠. 그 주 주말에는 남자친구랑 존 트라볼타랑 샌프란시스코에 갔어요."

다른 날짜에 대해서도 마릴루는 먼저 요일을 수 초 내에 말했

다. 그리고 그날은 물론 그날을 전후해서 일어난 사건들을 줄줄
이 나열했다.

"1992년 6월 15일. 그날은 월요일이었어요. 어머, LA 폭동 직
후였네요. 온 시내가 여전히 봉쇄 상태였어요. 나는 댄스에어로
빅 비디오의 후반 작업 중이었어요. 하루 종일 편집실에 있었죠."
2018년 9월 14일은 미끼였는데, 그 날짜가 내 입에서 나오자마자
마릴루가 말했다. "당신이 〈게팅 더 밴드 백 투게더Getting the Band Back
Together〉를 보러 온 날이네요. 공연 마지막 주 주말이었어요."

사실 그날은 마릴루와 내가 처음 만난 날로, 뉴욕 브로드웨이
에서 그녀가 멋진 뮤지컬 공연을 마친 직후였다.

과학자들은 과잉기억증후군을 가진 사람들의 뇌에서 다른 사
람들보다 크게 발달한 아홉 개의 영역을 찾아냈다. 하지만 이 아
홉 개의 영역이 남들보다 크기 때문에 탁월한 일화기억능력을 갖
는 것인지 아니면 과잉기억증후군을 가지고 있기 때문에 이 영역
이 커진 것인지는 여전히 알 수 없다. 닭이 먼저냐, 달걀이 먼저냐
는 식의 의문 말고 우리가 아는 것은 과잉기억증후군을 가진 사
람들의 뇌에서는 일화기억을 종류별로 분류한 다음 다시 날짜순
으로 정리한다는 점이다.

"일종의 연대표 같아요." 마릴루가 말했다. "보이지는 않아요.
그냥 느끼는 거죠. 그곳에 갈 수도 있어요. 왼쪽에서 오른쪽으로
정렬되어 있지만 시각적인 이미지는 아니에요. 종류별로 묶여 있
어요."

마릴루는 매번 비틀스의 〈헤이 주드〉를 들었을 때, 혹은 톰스 다이너에서 식사를 했을 때 무슨 일이 있었는지를 상세하게 기억한다. 날짜를 보면 그날이 무슨 요일이고, 점심에 무엇을 먹었고, 무슨 신발을 신었는지까지 모든 기억이 바로 인출된다. 작년에 있었던 일을 얼마나 기억하는지 알아보는 실험에서 마릴루는 365일 전부에 대해 상위 1퍼센트의 성적을 얻었다. 그녀는 감정적이고 의미심장하거나 예상 밖의 경험들이 평범한 일상보다 특별히 더 잘 떠오르지는 않는다. 모두 똑같이 떠오른다. 대부분의 사람들은 특정 해에 있었던 일 가운데 여덟 가지에서 10가지 사건들만을 기억한다. 마릴루의 풍부한 일화기억이 우리에게 경이롭듯, 보통 사람들이 겨우 그것밖에 기억 못 한다는 사실이 마릴루에게는 신기하기만 하다.

마릴루는 자신의 놀라운 기억력을 축복으로 여기지만 같은 이유로 인생이 고통스러운 사람들도 있다. 이별, 죽음, 그동안의 실수들, 후회와 모멸의 매 순간을 비롯해 인생 최악의 시기, 가장 고통스러운 날들을 괴로울 정도로 선명하고 상세하게 기억하기 때문이다. 이런 사람들에게 과잉기억이라는 초능력은 그리스 비극의 주인공들이 겪는 저주에 가깝다. 모든 것을 기억하고 싶다는 궁극의 소망을 이루지만, 결국 그로 인해 고통받는다.

마릴루 역시 고통스러운 순간들을 전부 기억하지만 그 순간들을 오래 곱씹지는 않는다. 마릴루는 실수로부터 배우고 긍정적인 순간들에 집중하기로 했다. 과잉기억증후군이건 아니건, 어떤 일화기억에 시간을 투자할지는 결국 각자 선택하기 나름이다.

● ● ●

평범한 일상을
기억으로 남기는 법

그렇다면 대다수 평범한 사람들이 의미 있는 사건이든(작년 결혼기념일을 어떻게 보냈는지) 평범한 일상이든(오늘 아침에 알레르기 약을 먹었는지 아닌지) 일화기억을 잘 간직하려면 어떻게 해야 할까? 올해 있었던 일들 가운데 겨우 8~10가지가 아니라 되도록 많은 추억을 기억으로 남길 수는 없을까?

일상에서 벗어난다. 안 가본 도시로 휴가를 떠나고, 가구 배치를 바꾸고, 반년 일찍 생일을 축하하고, 안 가본 식당에서 식사를 하고, 주말에는 꿈에 그리던 자동차를 렌트해보라. 어제가 오늘 같고 오늘이 내일 같은 평화로운 나날은 일화기억을 서서히 죽이는 독이다.

모바일 기기를 끄고 세상을 본다. 인지하지 못하면 기억할 수 없다. 시선을 전화기에 고정시킨 채로 주변에서 벌어지는 일들을 알아차릴 수는 없다. 어제 스타벅스 커피를 주문할 때 내 앞에 줄을 섰던 사람이 실은 유치원 때 단짝 친구였을지 모른다. 아이스

라테를 마시며 추억을 나눌 기회를 페이스북을 뒤지느라 놓쳐버렸을지 모른다. 오늘날 미국 성인들은 하루 평균 12시간을 각종 화면 앞에서 보낸다. 밤에 여덟 시간을 잔다고 했을 때, 의식이 깨어 있는 동안 화면 밖 세상을 경험하는 시간은 하루 네 시간밖에 안 된다는 얘기다. 인생을 디테일이 풍부하게 살아 있는 입체 세계로 기억하고 싶다면, 2차원 화면에서 나와 3차원의 세계를 살아야 한다.

느낀다. 우리는 감정이 개입된 경험을 무덤덤한 경험보다 더 잘 기억한다. 주변에서 일어나는 일들에 대해 더 강력한 기억을 원한다면 내가 무엇을 느끼는지 늘 스스로와 소통해야 한다.

되뇐다. 반복은 기억을 강화한다. 무슨 일이 있었는지 반추하고, 친구와 통화할 때 그 일에 관해 수다도 떨고, 틈틈이 떠올리면 기억을 간직하는 데 도움이 된다.

일기를 쓴다. 오늘 경험한 일들 가운데 단 한 가지라도 글로 써 놓으면 미래에 그 경험을 기억할 가능성이 높아지고, 기록으로 남긴 그 정보를 단서 삼아 오늘 겪은 다른 일들도 떠올릴 수 있다. 심리학자 빌렘 바게나르Willem Wagenaar는 6년 넘게 매일 일기를 쓰면서 2402가지 사건들을 기록했다. 시간을 내서 그날그날 일어난 일을 적어놓은 것만으로도 일화기억을 되살리는 강력한 수단이 되었다. 하지만 그는 그냥 기록만 했을 뿐, 적은 것을 다시 읽어보지 않았고 그래서 기억을 인출할 기회를 덤으로 얻지는 못했다. 이후 동료 학자가 그의 기억력을 시험해본 결과 충분히 단서만 주어지면 (종종 하나의 단서만으로는 부족했지만) 지난 6년 동안 있었던 일들을 80퍼센트 정도 기억했다. 일기의 효과다!

SNS를 활용한다. 나도 안다. 알아. 방금 내가 모바일 기기를 끄라고 했던 것. 소셜미디어가 수많은 부작용을 야기하는 것이 사실이지만, 잘만 활용하면 긍정적 효과를 발휘하기도 한다. 적어도 일화기억을 보강한다는 점에서는 긍정적이다. 인스타그램이나 소셜미디어 프로필을 여유롭게 둘러보는 동안 사진들과 거기 붙은 글 한 줄 한 줄이 강력한 단서가 되어 과거에 있었던 일들을 떠올리게 한다. 소셜미디어에는 가장 최근의 경험부터 기억이 역순으로 잘 보존되어 있어 우리의 뇌가 언제 어떤 일이 있었는지 생각해내는 데 도움을 준다. 소셜미디어를 이용하지 않는 사람이라면 일반 사진첩이나 스마트폰에 저장된 사진을 둘러보는 것도 도움이 된다.

라이프 로그를 활용한다. 뇌는 동영상을 찍는 카메라가 아니고, 기억은 우리가 인지한 모든 것을 기록하지 않는다. 하지만 우리 뇌와 (기억의 보조장치 역할을 할 정도로 발전한) 기술은 이제 공상과학 영화에나 등장하던 라이프 로깅 life loging (개인의 일상을 다양한 데이터 형태로 기록하는 것. 페이스북, 인스타그램은 물론 웨어러블 장비를 이용한 생체 데이터와 일상 데이터의 자동 저장 등도 모두 여기 속한다―옮긴이)을 실현하는 단계까지 왔다. 입는 카메라, 녹음기 등의 다양한 장비를 이용하면 일상적인 활동으로부터 디지털 데이터를 수집할 수 있다. 이렇게 수집된 이미지, 동영상, 소리를 나중에 재생하고 다시 경험함으로써 또 다른 형태의 기억을 인출할 수 있다. 가령 목에 두르는 소형 카메라는 30초에 한 번씩 사진을 찍고 착용자의 위치를 확인한다. 이 작업을 하루 종일 반복하면 그날 하루에 대한 디지털 형태의 자서전적 기록이 만들어진다. 이렇게 만들어진 이미지는 그날 있었던 일들에 대한 기억을 강화하고 나아가 다른 기억을 인출하는 단서 역할을 할 수도 있다.

이제 감정, 의외성, 의미, 반추, 회상이 어떻게 일화기억에 영향을 미치는지 어느 정도 이해했을 것이다. 일화기억에 대해 더 길게 이야기할 필요는 없을 듯하다. 다이애나 비가 사망한 날이건, 남편이 조지 클루니를 페라리에 태우고 퇴근한 첫날이건, 그때 그 사건들에 대한 우리의 기억은 어차피 다 틀렸으니까.

Part 2

망각의 예술

우리의 기억은
틀렸다

2001년 9월 11일 펜실베이니아의 들판에 추락한
비행기 동영상에 대해 뭐든 기억나는 것을 말해달라고 하자
실험 참가자 중 46퍼센트는 상세하고 성실하게 답했다.
하지만 그들의 기억들은 완벽한 거짓이다.
2001년 펜실베이니아 들판에 추락한 비행기 동영상은 존재하지도 않는다.

우리의 일화기억은 왜곡, 첨가, 누락, 윤색, 상상 등 온통 오류투성이다. 기본적으로 과거에 일어난 일에 대한 기억은 모두 틀렸다. 그렇다. 나는 지금까지 우리의 뇌가 감정적이고, 의외성과 의미가 있으며, 반복되는 사건을 기억하는 데 '놀라운 능력을 발휘한다'고 계속 이야기했다. 그러고는 이제 와서 과거에 일어난 일에 대한 기억은 틀렸다고 말하고 있다. 그런데 양쪽 모두 진실이다.

혼란스럽겠지만 우리의 일화기억이 얼마나, 왜 허술한지 이해하고 나면 마음이 편해질지 모른다. 지나간 일에 대한 기억은 부호화, 강화, 저장, 인출의 각 단계마다 편집·왜곡될 가능성이 있다. 우선 기억형성을 위해 우리가 투입하는 정보 자체가 애초에 우리가 인지하고 주의를 기울인 정보에 한정된다. 매 순간 눈앞에서 펼쳐지는 모든 것을 인지할 수 없기 때문에 우리가 부호화하고 나중에 기억하는 정보는 실제로 있었던 일에서 잘라낸 조각들에 불과하다. 이 조각들은 우리 각자의 편견을 반영하고 각자가 흥미를 느끼는 정보에 치우치는 경향이 있다. 작년 크리스마스 아침에 대한 내 기억은 내 아들의 기억과 다를 것이다. 하지만 내 기억도 아들의 기억도 당시 상황을 완벽히 담고 있지는 못하다. 즉 완전무결한 진실은 아니다. 일화기억은 애초에 불완전하다.

● ● ●

목격자 진술과 기억의 재구성

그렇다면 각자가 인지하고 기억에 입력한 부분만큼은 완벽하진 않아도 정확하지 않을까? 절대 그렇지 않다. 우리의 일화기억은 디즈니랜드에서 두 발로 걸어 다니는 커다란 쥐를 해맑은 눈으로 바라보는 미취학 아동 같다. 노래하는 공주건 두 발로 걷는 쥐건 보는 대로 믿어버린다. 잘 속고 쉽게 동조한다. 갓 생성된 기억은 쉽게 영향을 받고 편집된다. 특히 기억이 강화되는 사이, 장기기억으로 저장되기 전 몇 시간, 며칠 혹은 그 이상의 시간 동안이 가장 취약하다.

일화기억이 장기기억으로 강화되는 사이 뇌는 손버릇이 나쁘고 성질이 괴팍한 셰프 같다. 특정한 기억에 재료로 들어간 인지 정보들이 연결되는 동안 레시피가 변경될 수 있고, 심지어 처음과 아주 달라지기도 한다. 다시 말해 상상, 의견, 추측이 개입하면서 없던 재료가 들어가기도 하고, 들어가야 할 재료가 빠지기도 한다. 꿈, 읽거나 들은 내용, 영화의 장면들, 사진, 연상, 그때그때의 감정 상태, 다른 누군가의 기억이나 단순 암시 같은 것들이 뒤죽박죽 섞여 들어가기도 한다.

한번 저장된 기억이라도 얼마든지 바뀔 수 있다. 너무 오래 방치된 기억은 시간이 지나면서 변질된다. 물리적 신경망이 말 그대로 연결이 끊어졌다가 아예 사라지면서 기억의 일부 혹은 전부가 지워지기도 한다.

또 저장된 일화기억을 인출할 때마다 내용이 달라질 가능성이 높다. 앞에서도 설명했지만, 기억의 인출은 녹화된 동영상의 재생이 아니라 이야기의 재구성이다.

기억은 법정 속기사처럼 오고 간 말들을 정확하게 기록했다가 들려주지 않는다. 지나간 사건을 다시 떠올릴 때 저장되어 있는 세부정보의 일부만을 불러오는 경우가 일반적이다. 세세한 부분을 빼먹고, 어떤 부분은 재해석하고, 어떤 부분은 왜곡한다. 사건 발생 당시에는 고려할 여유가 없던 정보, 맥락, 관점들이 지금 영향을 미친다. 우리는 종종 기억의 빈틈을 메워서 기억의 서사를 더 완벽하고 그럴듯하게 만들기 위해 없던 정보를 꾸며내기도 한다. 당연히 이런 정보는 대개 부정확하다. 과거에 대한 우리의 기억은 또한 기억을 떠올리는 현재의 기분에 따라 영향을 받기도 한다. 지금 우리의 의견이나 감정 상태가 작년에 있었던 일에 대한 기억에 색을 입힌다. 그래서 다시 떠올릴 때마다 일화기억은 종종 다른 모습이 된다.

그리고 여기서 흥미로운 일이 벌어진다. 우리는 방금 인출한 기억 대신 새로 바뀐 2.0 버전의 기억을 재강화해서 저장한다. 일화기억을 재강화하는 것은 워드 문서를 수정하고 저장 아이콘을 클릭하는 것과 같다. 모든 변경 사항은 기억의 신경회로에 저장된다. 좀 전에 인출한 이전 기억은 이제 없다. 일화기억을 불러올 때마다 우리는 새로운 내용을 덮어쓰고, 다음번에 같은 기억을 불러올 때는 이 새로 업데이트된 기억이 인출된다.

따라서 하나의 기억을 여러 차례 떠올리다 보면, 처음 기억과 많이 달라져버릴 수 있다. 어떤 사건에 대한 기억이 실제 사건과 달라지는 과정은 문장을 전달하는 게임과 비슷하다. 귓속말로 문장을 전달하는 과정에서 처음의 문장이 왜곡된다. "붉은 장미는 줄기에 가시가 있다"라는 문장이 "불 끈 장비는 출구에 감시가 있다"가 되어버리듯, 가족이나 친구들과 여러 번 공유하는 과정에서 변질된 기억은 실제 사건의 정확한 기록이 아니다 .

그렇다면 일화기억은 얼마나 부정확할까? 한번 따져보자. 첫째, 특정한 답을 유도하는 질문을 함으로써 우리의 뇌가 아예 겪은 적도 없는 일을 기억한다고 믿게 만들 수 있다. 참가자들에게 거짓 정보를 제공하고 기억이 사실과 다르게 생성되거나 또는 기존 기억이 왜곡될 수 있는지를 여러 차례 실험해보았다. 아무 의

심도 하지 않는 참가자들에게 연구자들은 부모와 가족에게서 들은 이야기라며 참가자 본인이 등장하는 완전히 조작된 이야기를 들려준다.

"열기구를 타러 갔을 때 기억나요? 여섯 살 때 쇼핑몰에서 부모님을 잃어버렸다면서요? 사촌의 결혼식에서 신부 드레스에 빨간 음료수 쏟았잖아요?" 연구자들은 참가자들에게 실제로는 일어나지 않았던 일에 대해 비슷한 질문을 던진 다음 완벽하게 속이기 위해 포토샵으로 조작한 사진과 사건을 뒷받침하는 거짓 정보도 제시했다. 참가자들은 지어낸 이야기에 어떻게 반응했을까? 참가자의 25~50퍼센트는 하지도 않았던 경험에 대해 자세히 기억하고 있다고 주장했다!

"그 열기구를 탔던 것이 기억나요. 빨간색이었죠. 엄마랑 남동생도 함께였어요." 특정한 방향으로 유도하는 질문을 받으면 일화기억은 디즈니랜드에 간 순진한 어린이가 되어 무엇이건 앞뒤재지 않고 무작정 믿어버린다.

또 다른 연구에서 연구자들은 참가자들에게 2001년 9월 11일 납치된 후 펜실베이니아에서 추락한 비행기 동영상에 대해 뭐든 기억나는 것을 말해달라고 했다. 사건에 대해 얼마나 기억하는지 알아보기 위해 참가자들을 인터뷰하고 설문지도 작성하게 했다. 참가자 중 13퍼센트는 인터뷰에서, 33퍼센트는 설문지를 통해 자신들의 기억을 구체적으로 진술했다. 하지만 이 기억들은 100퍼센트 거짓이다. 비행기 추락 영상이 있긴 하지만 뉴욕과 워싱턴 D.C.에서 발생한 것이었고 펜실베이니아 들판에 추락한 비행기 동영상은 없었다. 이 사람들은 존재하지도 않는 영상을 상세히 기억한다고 믿었다.

이처럼 일화기억은 매번 인출될 때마다 외부의 영향을 쉽게 받기 때문에 매번 우리가 뭔가를 떠올릴 때마다 잘못된 정보가 침투해 기억을 실제 경험과 다르게 왜곡할 수 있다. 일화기억에 거짓 정보가 침투하는 가장 흔하면서도 확실한 경로는 언어, 특히 사람들이 사용하는 단어다. 이 분야에 대해 잘 알려진 연구 가운데 내가 특히 좋아하는 사례가 있다. 연구자들은 사람들에게 교통사고 동영상을 보여주고 사고 장면에 대해 모두 동일한 초기 기억을 갖고 있는 상태에서 다음 중 한 가지 질문에 답하도록 했다.

- 차들이 박살 날 때 얼마나 빨리 달린 것 같습니까?
- 차들이 충돌할 때 얼마나 빨리 달린 것 같습니까?
- 차들이 서로 들이받을 때 얼마나 빨리 달린 것 같습니까?
- 차들이 서로 부딪칠 때 얼마나 빨리 달린 것 같습니까?
- 차들이 서로 접촉할 때 얼마나 빨리 달린 것 같습니까?

사고 영상에 나온 차들의 속도에 대한 기억은 질문에 사용된 동사에 따라 크게 달라졌다. 그냥 단어 하나만 바꿨을 뿐인데, '박살 나다'라는 단어를 들은 경우 '접촉하다'라는 단어를 들은 참가자들보다 차들이 시속 16킬로미터나 더 빨리 달렸다고 기억했다. 사람들은 제시된 동사의 강도에 맞춰서 기억을 재구성했고 기억을 떠올리면서 수정된 내용을 초기 기억과 결합했다.

비슷한 다른 연구에서는 세 개의 피험자 집단에게 여러 대의 자동차가 연루된 교통사고 동영상을 보여주었다.

첫 번째 집단에게는 "차들이 서로를 박살 낼 때 얼마나 빨리 달렸습니까?"라고 물었다.

두 번째 집단에게는 "차들이 서로 부딪칠 때 얼마나 빨리 달렸습니까?"라고 물었다.

세 번째 집단에게는 차들의 속도에 관한 질문을 하지 않았다.

일주일 후 피험자 전체에게 동일하게 다음 질문을 했다.

"동영상에 깨진 유리가 보였습니까?"

"차들이 서로를 박살 낼 때 얼마나 빨리 달렸습니까?"라는 질문을 받은 사람들 가운데 32퍼센트는 깨진 유리를 보았다고 기억했다. "차들이 서로 부딪칠 때 얼마나 빨리 달렸습니까?"라는 질문을 받았던 사람들은 14퍼센트만이 깨진 유리를 보았다고 기억했다. 속도에 관한 사전 질문을 아예 받지 않았던 집단과 같은 결과였다. 사실 동영상에 깨진 유리는 없었다. 따라서 깨진 유리를 보았다고 답한 사람들은 모두 실제로는 보지 않은 것을 보았다고 기억한 것이었다.

일화기억은 이처럼 단어의 선택과 유도질문으로 매우 쉽게 조작된다. 법원의 평결이나 형량선고 등 중요한 문제를 결정할 때는 일화기억에 의존하지 않을 거라고 생각하겠지만 현실은 그렇지 않다. 미국인들의 거의 절반은 유일한 목격자의 증언 그리고 그 증언을 뒷받침하는 기억을 근거로 유죄판결을 내려도 된다고 생각한다. 2019년 9월까지 무고한 사람들이 유죄판결을 받았다가 DNA 검사로 누명을 벗은 사례는 미국에서만 365건이었다. 이 중 75퍼센트는 목격자의 증언을 근거로 유죄판결을 받았다. 즉 이 목격자들의 기억은 전부 틀렸다는 말이다.

2008년에 발표된 연구에서는 연구자들이 피험자들에게 슈퍼마켓에서 범죄가 발생한 상황을 연출한 동영상을 보여주었다. 도둑 역할을 맡은 사람이 술 한 병을 훔쳤다. 동영상에는 방관자가 두 명 등장한다. 한 명은 주류 진열대 앞을 지나가고, 다른 한 명은 농산품 코너 앞에 서 있다. 동영상을 시청한 뒤에 피험자들에게 일렬로 세운 남자들을 보여주었다. 그중에 도둑은 없었다. 다시 한번 말하지만, 도둑은 없었다. 피험자들 가운데 23퍼센트는 주류 진열대 앞을 지나가던 무고한 사람을, 29퍼센트는 농산품 코너에 있던 사람을 도둑으로 지목했다. 즉 절반 이상이 기억에만 의존해서 죄 없는 사람을 범인으로 지목했다. 물론 모든 목격자의 일화기억이 무조건 틀리다는 말이 아니다. 하지만 이 기억 중 일부가 틀리다는 사실은 확실하다. 또 다른 연구에서는 사람들에게 은행강도 장면이 찍힌 30초 길이의 동영상을 보여주었다. 20분 후 피험자의 절반에게는 본 것을 5분 동안 글로 써보라고 했다. 나머지 절반은 역시 5분 동안 동영상과 무관한 과제를 수행하게 했다. 그런 다음 피험자 전원에게 일렬로 늘어선 사람들 가운데 은행강도를 지목해보라고 했다. 글을 쓰지 않은 사람들 가운데 61퍼센트는 강도를 지목했지만 글을 쓴 사람들 중에서 강도를 정확히 지목한 사람은 불과 27퍼센트에 불과했다. 기껏 30분도 안 지났는데 목격자 가운데 잘해야 약 3분의 2만이 강도가 어떻게 생겼는지를 정확히 기억했다는 점에 주목할 필요가 있다. 또, 본 것을 글로 쓰는 행위가 불과 몇 분 전에 목격한 장면을 정확히 기억하는 능력을 심하게 훼손시켰다는 점도 주목할 부분이다.

특정한 정보를 글로 쓰면서 우리는 글쓰기의 대상으로 선택한 정보에 대한 기억을 자세히 되뇌고, 따라서 강화할 수 있다. 반면 글쓰기는 대상으로 선택하지 않은 정보를 되뇌고 기억으로 떠올리는 데 방해가 될 수 있다. 감각경험을 언어로 전환하면 경험에 대한 원래의 기억은 왜곡되고 축소된다. 작가로서 자괴감이 드는 대목이다.

마찬가지로 기억에 대해 이야기를 하는 것만으로도 기억의 조각들은 빈약해진다. 무슨 일이 있었는지를 말로 옮기면 실제보다 축소될 수밖에 없다. 무엇보다 시각, 청각, 후각, 촉각 및 기타 경험으로부터 받은 여러 가지 인상들을 언어로 표현하는 데에는 한계가 있기 때문이다. 또 경험을 전달하는 과정에서 일부 선택된 정보만이 말로 옮겨진다.

일단 말로 옮기고 나면, 기억은 원래보다 축소된 상태로 저장되고, 더 충실했던 원래의 기억은 사라진다. 또 다음번에는 같은 기억을 이야기로 옮기면서 세부 사항 하나를 빠뜨릴 수도 있다. 가령 비가 왔다는 말을 하지 않는다면 그다음에 같은 일을 세 번째 이야기할 때 비는 기억에서 사라지고 없다. 그래서 일화기억이 입을 떠나는 순간 원래의 기억보다 정보의 양이 줄어든다.

다른 한편으로는 만들어내거나 다른 출처에서 가져온 정보가 일화기억을 원래보다 부풀리기도 한다. 상식, 이야기의 배경, 해석 등을 첨가하거나 이야기를 더 그럴듯하게 꾸미거나 나중에 친구에게서 들은 이야기를 덧붙일 수 있다. 이렇게 나중에 더해진 세부 정보는 해당 사건에 대한 기억의 일부로 뇌 속에 자리 잡게 된다.

가령 남동생과 어린 시절 이야기를 하다가, 집에 플로리스트가 찾아온 날 둘이서 현관문 근처에 숨어 있다가 장난감 총을 쏘았던 일(그땐 정말 죄송했어요!)이 생각났다고 해보자. 남동생은 "맞아, 그때 그 사람이 초인종을 정신없이 울려댔어"라고 말한다. 나는 그런 기억이 없지만, 남동생의 말을 믿는다. 다음번 같은 기억을 떠올릴 때, 내 기억에는 초인종을 쉴 새 없이 울려대는 플로리스트가 있을 것이다. 앞으로도 계속 그 사건은 그렇게 기억될 것이다.

또는 이틀 전에 직장 건물에 불이 나서 모든 사람이 대피했다고 해보자. 나는 차분하게 건물을 빠져나와 주차장에 약 한 시간가량 대기하면서 화재 대피 훈련 상황인지 실제 화재 상황인지 몰라 기분이 약간 언짢았던 것으로 기억하고 있다. 그런데 사건

다음 날인 어제 회사 동료로부터 회사 구내식당에서 누군가 칠면 조를 훈연하다가 훈연기에 불이 붙었다는 이야기를 들었다. 주방 전체가 불꽃에 휩싸이면서 연기로 가득 찼었다고 한다. 내 사무 실은 구내식당과 같은 층이다. 죽을 수도 있었다는 얘기다!

오늘 나는 불이 났던 기억을 이야기하면서 연기 때문에 앞이 보이지 않아 계단을 찾기도 힘들었다고 말한다. 이런 흔한 기억의 오류를 작화증confabulation이라고 한다. 직장 동료가 제공한 정보가 나의 일화기억에 침투한 것이다. 의도적으로 거짓말을 하는 것은 아니다.

다시 한번 말하지만, 일화기억은 순진한 미취학 아동, 다시 말 해 산타든 뭐든 믿어버리는 어린아이다. 이제 나는 사무실 화재 에 대한 일화기억을 떠올릴 때마다 계단까지 가는 동안 복도에 연기가 자욱했다고 믿는다.

● ● ●

기억은 왜곡되고 변형된다

이제 우리의 기억이 어떻 게 매번 떠올릴 때마다 실제보다 축소 또는 확대되고, 흥미롭게 변형되면서 실제로부터 멀어지는지 알았을 것이다. 이렇게 기억 은 언어로 옮겨지면서 처음 뇌에서 만들어질 때와는 많이 달라진 다. 아이러니하지만, 오늘 있었던 일을 글로 적는 행위로 인해 오 늘에 관한 기억은 우리가 기록하기로 선택한 정보들로 한정된다.

기억을 말로 옮기면 강화되는 동시에 왜곡된다. 하지만 전혀 반복하지도, 타인과 공유하지도 않고 방치한 기억은 십중팔구 사라진다. 지나간 일에 대해 우리 뇌는 기껏해야 불완전한 기억밖에 남기지 못한다.

그렇다면 섬광기억은 어떨까? 격한 감정과 결부되었거나 의외의 사건에 관한 확신에 찬 선명한 기억 말이다. 섬광기억은 평범한 사건에 대한 기억보다 견고할까, 아니면 역시나 편집과 거짓 정보에 쉽게 영향받을까? 세월이 흘러도 섬광기억은 확실히 평범한 일화기억보다 훨씬 강력하게 남아 있다는 느낌이 든다. 이런 느낌 때문에 우리는 섬광기억의 내구성과 정확성을 굳게 믿어버린다. 섬광기억은 세부 정보를 풍부하게 포함하고 있으니까 일반적인 일화기억보다 진실에 훨씬 더 가깝겠지? 하지만 확신은 금물이다. 섬광기억도 일화기억만큼 불완전하고, 왜곡과 오류 투성이다.

한번 생각해보자. 1986년 1월 28일 오전 11시 39분, 우주왕복선 챌린저호는 일곱 명의 우주비행사들을 태우고 플로리다의 청명한 하늘로 솟아올랐다. 일곱 명 가운데는 최초의 교사 출신 우주비행사 크리스타 맥컬리프도 있었다. 발사 73초 후 승무원들이 우주비행 관제센터로부터 최고 속력까지 가속해도 좋다는 신호를 받은 직후 주 연료탱크가 폭발했다. 희뿌연 연기가 뱀처럼 솟아오르면서 우주선은 전 세계가 지켜보는 가운데 산산조각 났다. 생존자는 없었다.

36년 후 챌린저호 사건에 대한 나의 섬광기억은 이렇다. 점심시간이었고, 나는 내가 다니던 고등학교 급식실에 있었다. 우주선이 폭발하는 순간 나는 접시에 감자튀김과 케첩을 담아 옮기던 중이었다. 당시 교사와 학생들이 역사적인 순간을 시청할 수 있도록 식당에 미리 텔레비전을 설치했었다. 나는 당시의 정적과 공포를 기억한다.

36년 전 1월의 어느 화요일이라는 평범한 날짜치고는 괜찮은 기억이다. 특히 그날을 기점으로 그 전날이나 그다음 날에 대한 세부기억이 전혀 없다는 사실을 감안한다면 더욱 그렇다. 그런데 내 기억에 담긴 정보 가운데 어느 것 하나 정확한 부분이 있을까?

당시 나는 고등학교 2학년이었으니 오전 11시 40분은 점심시간이었을 가능성이 크다. 하지만 일화기억의 속성에 대해 알 만큼 아는 입장이다 보니 내 기억이 무조건 확실하다고 주장하기는 어렵다. 그때는 일기를 쓰지 않았고, 그날 오전에 내가 목격한 것을 기록해놓은 다른 자료도 없기 때문에 학교 식당에 정말 텔레비전이 있었는지, 내가 정말 감자튀김을 먹으려고 했는지(1986년의 나라면 확실히 아직 건강한 식습관에 관한 인식이 없을 때였다), 챌린저호의 폭발 당시 내가 정말 식당에 있긴 했는지 확인할 방법이 없다. 내 섬광기억의 세세한 정보들은 진실일 수도, 거짓일 수도, 왜곡되었을 수도 있다. 사실 돈이라도 걸어야 한다면, 나는 섬광기억에 완전히 거짓인 정보가 적어도 하나는 섞여 있다는 쪽에 걸겠다.

이유는 이렇다. 그 비극적인 날에 목격한 것을 기록해두지 않은 나와 달리 심리학자 울릭 나이서Ulric Neisser와 니콜 하시Nicole Harsch는 기록을 남겼다. 우주왕복선이 폭발하고 24시간이 지난 다음 두 사람은 에모리대학교에서 심리학 기초 과정을 수강하는 다수의 학생에게 다음과 같이 질문했다.

(폭발 당시)

• 어디에 있었습니까?

• 무엇을 하고 있었습니까?

• 누구와 있었습니까?

• 하루 중 언제였습니까?

또 학생들에게 자신들의 대답이 얼마나 정확하다고 믿는지 1점 (단순 짐작이다)에서 5점(확신한다)까지 점수를 매기게 했다.

그다음 1988년 가을, 즉 사건이 발생하고 2년 6개월 후에 같은 학생들에게 동일한 질문지를 주고 그들의 대답, 즉 그들의 일화기억을 원래의 기억과 대조해보았다. 그들의 기억은 얼마나 신뢰할 만했을까? 100점, 즉 2년 6개월 후의 기억이 24시간 후의 기록과 완벽하게 일치하는 경우는 한 건도 없었다. 25퍼센트는 심지어 0점을 받았다. 2년 후의 대답이 폭발 직후의 답변과 한 문제도 일치하지 않았다는 뜻이다. 겨우 2년 반 전의 사건에 대한 기억이 완전히 부정확했다는 말이다. 학생 절반은 한 가지 질문에 대해서만 동일하게 대답했다.

여기에 추가해 학생들에게 전에도 이런 질문에 답한 적이 한 번이라도 있는지 물었다. 25퍼센트만이 그렇다고 대답했고 75퍼센트는 같은 질문을 받은 적이 없다고 확신했다.

이처럼 겨우 2년여의 시간이 지났을 뿐인데도 이 젊은 성인들의 기억에는 많은 결함이 나타났다. 그렇다면 폭발 이후 36년간 다사다난한 인생을 산 내 기억이 정확하면 얼마나 정확하겠는가? 나는 학교 급식실에 있었고, 감자튀김을 먹었고, 학교 친구들과 함께 사고 장면을 텔레비전으로 보았다고 기억한다. 하지만 어쩌면 나는 그날 아파서 학교를 결석했고, 오전 11시 40분에는 부엌에서 혼자 치킨누들수프를 먹고 있었으며, 챌린저호 사건에 대해서는 부모님, 남동생과 함께 그날 밤 뉴스를 보고 알았는지도 모른다. 30년도 더 지난 일인데도 나는 사건에 대한 내 섬광기억이 정확하다고 굳게 믿고 있다. 하지만 강한 확신이 기억의 정확성을 의미할까?

그렇지 않다. 정확하다고 100퍼센트 확신하는 생생한 기억이 사실은 100퍼센트 틀린 기억일 수 있다. 에모리대학교 학생들의 이야기로 돌아가 보면, 기억이 정확한지와는 무관하게 학생들은 자신들이 기억한다고 말한 정보에 대해 높은 확신을 갖고 있었고, 심지어 완전히 틀린 기억에 대해서도 마찬가지였다.

1989년 봄에 같은 학생들에게 동일한 질문에 대해 1986년과 1988년에 각각 작성한 답지를 보여주었다. 새로운 기억과 원래의 기록 사이에 많은 차이가 있다는 증거를 눈앞에 들이대자 학생들은 최근 불러온 기억, 즉 틀린 기억 쪽이 정확하다고 믿었다. 나이서와 하시는 최초의 답변, 다른 것도 아닌 학생들의 자필 기록이 강력한 단서로 작용해 1986년 1월 28일 그들이 실제로 목격했던 사건을 정확히 기억해낼 것이라고 예측했지만 오산이었다. 그런 일은 일어나지 않았다. 학생들은 나중 기억이 맞는다고 우겼고 왜 두 답변이 일치하지 않는지 모르겠다는 반응과 함께 1986년에 자신이 쓴 원래 답변에 당혹스러워했다. "아무래도 그 반대일 것 같아요." 한 학생이 말했다. 그들의 기억은 영구적으로 변형되었다. 그리고 틀린 기억만 남았다.

하지만 이제 우리는 일화기억의 특성에 대해 어느 정도 알고 있기 때문에 바뀐 기억의 정확도에 대한 이런 믿음도 납득할 수 있다. 피질에서 한 번씩 끄집어낼 때마다 보관되어 있던 일화기억은 쉽게 변질되고, 우리는 꺼내온 기억 위에 새로 편집된 기억, 온갖 새로운 정보로 업데이트된 기억을 덮어씌운 다음 다시 머릿속에 집어넣는다. 가령 모든 학생이 처음 질문지에 답한 이후 적어도 한 번은 우주왕복선 폭발 사건에 대해 누군가와 얘기했거나 생각했다면, 폭발에 관한 최초 기억은 오래전에 지워지고, 대신 새로운 버전의 기억이 그 자리를 채웠을 것이다. 이렇게 새로 업데이트된 기억은 학생들의 의도와 무관하게 실제 벌어진 사건과는 아주 멀어졌을지 모른다.

고등학교 시절의 친구와 함께 20년 전에 함께 차를 몰아 가수

지미 버핏의 콘서트를 보러 갔던 때를 회상한다고 해보자. 그런데 나는 콘서트에 다녀온 뒤로 그때의 기억을 단 한 번도 떠올린 적이 없다. 함께 옛이야기를 하다가 친구의 입에서 나온 말 한마디가 단서가 되어 나는 잊고 있던 경험의 일부를 떠올린다.

친구가 말한다. "기억나? 그때 젠도 같이 갔어."

내가 말한다. "어머, 맞다! 완전히 잊고 있었는데, 걔도 있었지. 이제 생각나. 뒷자리에 앉았잖아!"

젠이 자동차 뒷좌석에 있었다는 세부 내용은 지금도 뇌에 저장되어 있지만 '젠'과 나머지 기억 간의 신경연결이 상대적으로 약해서 추가적인 단서 없이 저절로 쉽게 활성화되지 않았다. 물론, 이쯤 되면 친구의 기억도 내 기억도 틀릴 수 있다는 점을 염두에 두어야 한다. 어쩌면 젠과 함께 간 곳은 지미 버핏의 콘서트가 아니라 롤링 스톤스의 콘서트인지 모른다. 어쩌면 젠은 뒷좌석이 아니라 앞좌석에 앉았는지 모른다. 아무튼 내가 어떤 기억을 떠올릴 수 있느냐 없느냐는 기억의 인출에 필요한 단서가 주어졌는지 여부에 따라 결정된다.

가령 젠이 정말로 우리 차를 함께 타고 지미 버핏의 콘서트에 갔다고 하자. 그리고 사실은 지난 20년간 그 콘서트에 대해 수없이 떠올렸지만, 그때마다 젠에 관한 정보가 누락된 것이라면 어떨까? 매번 기억을 떠올릴 때마다 가장 최신 버전으로 업데이트된 기억이 강화되고 연결이 튼튼해진다는 사실을 명심하자. 기억을 업데이트하면서 늘 젠을 빼먹었기 때문에 젠에 대한 상세 정보가 영원히 사라졌을 수도 있다. '젠'은 이 기억과 더 이상 미약하게도 연결되어 있지 않다. 그런 경우 나는 아마 친구의 기억을 믿지 못할 것이다.

그래서 나는 "아니야, 젠은 그때 뒷좌석에 없었어!"라고 말하게 될 것이다. "미안, 나는 젠이 전혀 기억나지 않아."

나는 계속 내가 기억하는 대로 고집할 것이고, 2년여 전에 자신이 손으로 직접 쓴 챌린저호 사건의 기록을 믿지 못했던 에모리대학교 학생들과 아주 비슷하게 내 기억을 반증하는 강력한 증거를 눈앞에 두고도 믿지 못할 것이다.

요약하면, 지나간 사건에 대한 우리의 기억은 어쩌면 맞을 수도, 완전히 틀릴 수도 있고, 참과 거짓 중간 어디쯤에 있을 수도 있다. 그러니 혹시 배우자가 말하는 기억이 우리의 기억과 일치하지 않더라도 발끈하지 말자. 우리도 우리의 배우자도 아마 고의는 아니겠지만 잘못된 기억을 둘만의 추억이라고 여기며 간직해왔는지 모른다. 이 점을 깨닫고 진실이 무엇인지 누구도 완벽하게 알 수 없음을 그냥 받아들이자.

혀끝에 기억이
맴돌 때

단어가 생각나지 않을 때 조금 짜증은 나지만

그렇다고 알츠하이머병이나 기억력 감퇴의 전조는 아니다.

그냥 기억인출이 조금 느려졌을 뿐,

우리 뇌의 구조 때문에 벌어지는 정상적인 현상이다.

며칠 전, 나는 HBO에서 방영한 드라마 〈소프라노스〉에서 토니 소프라노 역을 맡은 배우 이름이 생각나지 않아 애를 먹었다. 분명히 아는데, 그리고 안다는 걸 내가 아는데, 생각이 나지 않았다. 이탈리아에 여행을 갔다가 갑자기 사망했다는 것도 아는데. 토니의 아내 카멜라 역을 맡은 배우가 이디 팔코라는 것도 아는데. 줄리아 루이-드레퓌스랑 같이 나온 영화도 진짜 좋았는데. 어떻게 생겼는지도 아는데. 그 사람 목소리도 떠오르는데. 나는 이름의 첫 글자라도 떠오를까 싶어서 알파벳을 A부터 순서대로 떠올렸다. A, 앤서니? 아니, 앤서니는 극중 이름이지(토니는 앤서니의 애칭이다), 진짜 이름은 다른 거야. J? 왠지 J 같아. 존? 잭? 제리? 아니 그런 이름이 아닌데.

뇌 어딘가에 그의 이름이 저장되어 있는 것을 알고 있지만 생각날 듯 말 듯하다가 생각나지 않았다. 그 배우에 관한 온갖 시시콜콜한 것들이 떠오르면서 이름이 저장된 바로 그 신경세포 근처에까지 다가간 것 같은 기분이었다. 대학 시절, 인터넷이 나오기 전이라 정보를 찾으려면 도서관에 가야 했던 시절, 지나친 승부욕에 이기기 위해서라면 물불 가리지 않는 일부 학생들이 정기간행물 파일에서 뭐든 원하는 정보를 얻은 다음 다른 학생들이 참고하지 못하도록 해당 간행물을 감춰버리곤 했다. 머릿속 회로에서 토니 소프라노의 진짜 이름을 찾아 헤매는 일은, 대학 도서관에서 간행물 묶음 파일의 제목을 훑다가 내가 원하는 정보가 있어야 하는 지점이 텅 비어 있을 때, 그 공백을 노려볼 때와 같은 기분이 들게 했다. 질문은 내 머릿속 자료실의 문을 여기저기 두드리고, 나를 다그치고, 답을 꺼내려고 안달했다. 머릿속은 복잡하고, 지나친 시달림에 지친 나는 마침내 포기하고 검색창을 열었다. "토니 소프라노를 연기한 배우."

제임스 갠돌피니.

맞다! 아, 시원해.

● ● ●

말문이 막히고 가슴이 철렁할 때

기억력이 저하되는 경우 흔히 나타나는 증상 가운데 하나가 바로 말 막힘^{blocking} 또는 설단현상^{TOT, Tip of the Tongue}이다. 단어, 특히 사람 이름, 도시 이름, 영화 제목, 책 제목 같은 것을 생각해내려는 경우 분명히 알고 있는데도 떠오를 듯 말 듯 아무리 애를 써도 떠오르지 않는다. 그렇다고 잊어버린 것은 아니다. 아무리 이름을 불러도 오지 않는 못된 강아지처럼 당장 눈앞에 보이진 않지만 뇌 어딘가에 숨어 있다. 하지만 일시적으로 불러올 수가 없다.

왜 이런 일이 생길까? 모든 단어는 그 단어에 상응하는 신경 부위가 있고 관련 신경세포들이 연결되어 있다. 어떤 신경세포는 단어의 시각적 측면을 저장한다. 단어가 활자로 인쇄되었을 때 어떤 모양인지를 저장하는 것이다. 다른 신경세포들은 그 단어의 개념정보, 즉 그 단어가 무슨 뜻이고, 어떤 감각지각 및 감정과 연관되어 있고, 과거에 이 단어와 관련된 어떤 경험을 했는지 등을 저장한다. 또 다른 세포들은 음운정보를 저장한다. 단어를 발음했을 때 어떤 소리가 나는지를 저장하기 때문에 단어를 소리 내어 발음하거나 발음을 머릿속에 떠올릴 때 필요한 세포들이다.

설단현상은 찾고 있는 단어와 연관된 신경세포들이 일부만 활성화되거나 약하게 활성화될 때 일어나는 현상이다. 저 여자 이름이 뭐더라? L로 시작하는 것은 확실한데 그다음을 모르겠네.

신경활성화가 추가로 일어나지 않으면 우리는 거기서 더는 나아갈 수 없다.

저장된 단어정보와 단어의 철자 및 소리의 연결이 불충분할 때도 같은 현상이 일어난다. 내가 토니 소프라노에 관해 수많은 정보를 떠올렸지만 이름이 생각나지 않았던 것도 이런 경우다. 혀끝에서 맴돌기만 하고 입 밖으로 나오지 않는다. 따라서 이름을 말할 수가 없다.

이런 경우의 3분의 1에서 2분의 1 정도는 대개 저절로 해결된다. 한참 후에 단어가 불현듯 의식 안으로 들어온다. 샤워를 하다 말고 생각나지 않던 단어가 갑자기 떠오른 경험이 다들 있을 것이다. 아니면 침대에 누워서 잠을 청하다 말고 '맞아! 제임스 갠돌피니!' 하고 떠오르기도 한다. 경우에 따라서는 우연히 마주친 단서가 강력한 힘을 발휘해서 기억에 불을 붙이기도 한다.

외부의 조력자가 구원의 손길을 내미는 경우도 있다. 누군가 다른 사람에게 답을 얻어내거나 나처럼 인터넷 검색을 해볼 수도 있다. 일단 검색 결과가 나오면 내가 찾던 답을 바로 알아본다. '그래, 이거지!'

단어가 혀끝에서 맴돌 때 우리는 종종 단어의 초성이나 글자 수 같은 것에서 희망을 얻기도 한다. 원하는 답에 가까워진 듯한 느낌을 주지만 결정적인 힌트는 아니다. 'D로 시작하는 말인데.' 이탈리아어나 스페인어 같은 로망스어를 쓴다면 단어가 여성형인지 남성형인지 같은 단서가 있을 수도 있고, 이 단서로부터 마지막 글자를 유추할 수도 있다.

어쩌면 간접적으로 연관된 단어가 떠오를 수도 있다. 내가 간절히 찾아 헤매는 단어와 발음이나 뜻이 비슷한 단어도 여기에 속한다. 심리학자들은 이처럼 애매하게 관련된 단어들을 신데렐라의 못된 언니^{ugly sisters}라고 부른다. 불행히도 못된 언니에게 다가가면 상황은 뜻하지 않게 악화된다. 이 훼방꾼이 우리의 주의를 돌려서 정말로 원하는 단어가 아니라 애매하게 닮은 단어로 향하는 신경경로로 유도하기 때문이다. 이제부터는 찾고 있는 단어를 떠올리려고 할 때마다 못된 언니만 떠오르게 된다.

나도 얼마 전에 이런 경험을 했다. (지나고 나면 늘 그렇듯이) 이유는 모르겠지만 플로리다에 있는 어떤 도시 이름을 떠올리려고 애쓰고 있었다. 분명히 내가 아는 이름이라는 것은 알지만 생각은 나지 않았다. 머릿속이 하얬다. 그렇다고 아무것도 떠오르지 않는 것은 아니었다. '마이애미 부근인데. B로 시작하던가? 그래, B로 시작하는 것 같아. 보카 레이턴인가? 아냐, 그런 이름이 아니었어.'

30분이 지났지만, 나는 여전히 도시 이름을 기억하지 못했다. 생각나는 이름은 보카 레이턴뿐이었다. 나는 답답하고 초조하고 불안했다.

'뇌야, 잘 좀 생각해봐. 그 도시 이름이 뭐니?'

'보카 레이턴입니다.'

'아니, 그거 하지 마. 그거 아니라니까.'

아무리 애를 써도 '보카 레이턴'을 담당하는 신경세포들만 "저요, 저요" 하며 손을 쳐들 뿐이었다. 달래도 보고 협박도 해보았지만 나의 의식 안에 어떤 대답도 들어오지 않았다. 결국 나는 포기하고 구글 맵을 켰다. 마이애미 남쪽으로 내려가다가 '빙고! 여기다! 키 비스케인.'

재미있는 것은 키 비스케인도 보카 레이턴처럼 두 단어로 구성되어 있다는 점이다. 게다가 비스케인도 B로 시작한다. 보카 레이턴은 내 주의를 끌어 올바른 답으로 이끌어줄 신경경로를 택하지 못하도록 훼방을 놓은 키 비스케인의 못된 언니였다. 나는 길을 잃고 다른 구멍으로 깊이 들어가고 말았다. 못된 언니 효과는 애써 찾을 때는 생각나지 않던 단어가 찾기를 포기하고 나서야 느닷없이 떠오르는 이유를 설명해준다. 사냥을 중단하면 뇌가 틀린 목표물로 이끄는 신경경로를 더 이상 쓸데없이 배회하지 않기 때문에 정답으로 향하는 신경세포들이 비로소 활성화될 기회를 얻는다.

또 다른 사례도 있다. 남자친구 조와 서핑광인 그의 동료에 대해 이야기하던 중이었다. 내가 물었다. "그 유명한 서퍼 이름 뭐지? 랜스?"

조가 말했다. "아니, 랜스는 아니야."

하지만 조도 정확한 이름은 생각나지 않았다. 잠시 후 그는 '랜스'라는 이름 때문에 사이클 선수 랜스 암스트롱이 자꾸 생각난다고 말했다. 못된 언니가 나타난 것이다. 조는 랜스 암스트롱이 우리가 찾던 답이 아니란 걸 알았지만 뇌는 랜스네 동네에서만 빙빙 돌면서 상관없는 신경세포들만 끈덕지게 두드리고 다녔다. 못된 언니가 내 남자친구의 주의를 끌고 기억을 교란시켜서 정답을 찾지 못하게 훼방을 놓았다. 내가 틀린 추측을 내놓지 않았더라면 조의 뇌는 바로 정답을 찾았을지도 모른다.

"비치발리볼 선수 가브리엘 리스랑 결혼한 사람인데." 조가 말했다.

나도 맞장구를 쳤다. 하지만 그 정도의 약한 단서로는 우리 둘 다 서퍼의 이름을 기억해낼 수 없었다. 둘 다 더는 사고의 진전이 없었고, 뭔가 기억이 날 듯 말 듯 입에서만 맴도는 상태로 아무것도 할 수 없었다. 몇 분 후에 조가 내뱉었다. "레어드 해밀턴!"

조의 뇌에 무슨 일이 일어났기에 답을 찾은 걸까? 그는 어떻게 훼방꾼의 유인을 뿌리치고 곤혹스러운 상태에서 벗어날 수 있었을까? 확실히 알 수는 없지만(당사자도 모르니까), 아마도 적절한 수의 신경세포들로 이루어진 올바른 조합이 활성화되면서 못된 언니의 저주를 물리치고 목표 지점까지 도달할 힘을 얻었던 것 같다.

비록 내 뇌가 처음부터 서퍼의 이름을 떠올리지는 못했어도 첫 글자는 바로 맞혔다. 또 내 뇌가 레어드 해밀턴의 이름을 불러오진 못했어도 레어드 해밀턴의 이름을 듣는 순간 바로 내가 찾던 이름이라는 것을 알아챘다. 설단현상을 겪는 상태에서 올바른 답이 제시되면 정답인지 아닌지 몰라 망설이거나, 고민하고 확인하느라 시간을 끌 필요가 없다. 즉석에서 수색은 중단된다. 고민 끝!

비슷한 사례는 이 밖에도 수없이 많고, 대개는 사람 이름이 생각나지 않는 경우들이다. 기억인출 기능이 제대로 작동하지 않는 가장 흔한 대상이 이름이기 때문이다. 게다가 이는 정상적인 현상이다. 설단현상을 겪는다고 해서 알츠하이머병에 걸린 것은 아니다. 방금 문장을 잘 읽고 마음에 새기기 바란다. 평범한 스물다섯 살의 젊은이도 매주 여러 차례의 설단현상을 경험한다. 하지만 젊은 사람들은 개의치 않는다. 기억손실, 알츠하이머병, 노화, 죽음이 아직 그들의 주요 관심사가 아니라는 것도 이유 중 하나다. 그리고 요즘 젊은이들은 어릴 때부터 전자기기를 손에서 놓지 않고 살아왔기 때문에 스마트폰 검색을 주저하지 않는다. 젊은이들은 갑자기 어떤 말이 생각나지 않는다고 몇 시간을 (아니 단 몇 분도) 고민하지 않는다. 생각나지 않는 이름을 미련하게 혼자 기억해보겠다고 고집을 부리는 부모들과 달리 그들은 구글 검색의 도움을 받는 데 익숙하다.

● ● ●

구글 검색과
기억인출의 차이

사실 설단현상의 빈도는 나이가 들면 자연스럽게 증가한다. 아마도 뇌의 처리 속도가 느려지기 때문일 것이다. 하지만 나이가 들면서 설단현상을 필요

이상으로 심각하게 느끼는 것은 노화와 알츠하이머병이 이제 먼 이야기가 아니라 언제든 닥칠 수 있는 일이기 때문이다. 알츠하이머병 가족력이 있는 사람이라면 단어가 떠오르지 않는 증상이 더 무섭고 남의 일 같지 않을 것이다. 설단현상을 병증이라고 여기게 되면, 나이가 들수록 기억인출이 원활하지 못한 것에 대한 두려움이 커진다. 물론 답답한 건 사실이지만, 그렇다고 신경과 전문의를 찾아갈 만큼 심각한 문제는 아니다. 생각나지 않던 단어는 언젠가 떠오르게 마련이다. 잠시도 그런 상황을 견디기 힘들다면, 검색을 하면 된다. 창피한 일도 비난받을 일도 아니다.

많은 사람이 생각나지 않는 것이 있을 때마다 인터넷 검색에 의존하면 문제를 더 키우게 되고 이미 약해져가는 기억력이 더 망가질지 모른다고 걱정한다. 마치 인터넷 검색 서비스가 기억력을 망치는 첨단 목발 같은 것이라고 여기는 모양이다. 이것은 근거 없는 믿음이다. 토니 소프라노 역을 맡은 배우의 이름을 검색해본다고 해서 내 기억력이 약해지는 일은 절대 없다. 마찬가지로 정신적 고통을 감수하면서까지 혼자 힘으로 기억해보겠다고 안간힘을 써봐야 기억력이 좋아지지도 누가 알아주지도 않는다. 기억력을 위해 스스로를 괴롭힐 필요는 없다는 얘기다.

인터넷의 도움 없이 토니 소프라노 역을 맡은 배우의 이름을 기억해냈다고 해서 설단현상을 덜 겪는 것도, 설단현상에서 더 빨리 벗어나는 것도 아니다. 물론 열쇠를 어디에 두었는지 잘 기억나는 것도 아니다. 그런다고 자기 전에 심장 약 먹는 걸 잊지 않을 가능성이나 알츠하이머병을 예방할 가능성이 조금도 높아지지 않는다.

설단현상은 기억을 불러오는 과정에서 자연스럽게 발생하는 오류로서 우리 뇌가 지금과 같은 구조를 갖기 때문에 생기는 부산물이다. 눈이 잘 안 보이면 안경을 쓰면 되고, 단어가 혀끝을 맴돌기만 하고 떠오르지 않으면 검색창에 검색해보면 된다.

사람들이 무엇을 잘 잊어버리는지 순위를 매겨보면 고유명사가 일반적인 단어보다 설단현상에 훨씬 취약하다는 것을 알 수 있다. 사람 이름을 잊는 것은 완전히 정상적이고 빈번한 현상일 뿐, 알츠하이머병의 초기 증상은 아니다. 왜 그런지 설명하겠다.

누군가 나와 친구에게 어떤 남자의 얼굴 사진을 보여준다고 하자. 나에게는 그의 직업이 베이커baker, 즉 제빵사라는 정보를, 친구에게는 그의 이름이 베이커Baker라는 정보를 알려준다. 며칠 후에 그 사람은 나와 친구에게 같은 남자의 사진을 보여주며 남자에 대해 기억나는 대로 말해보라고 한다. 그러면 내 친구가 그의 이름인 베이커를 떠올릴 가능성보다는 내가 제빵사, 즉 베이커라는 직업을 떠올릴 가능성이 훨씬 더 높다.

여기서 잠깐. 나와 친구는 분명 같은 사진을 보고 베이커라는 같은 단어를 들었다. 그런데 왜 베이커라는 동일한 정보가 이름이 아니라 직업으로 저장되었을 때 더 잘 기억되는 걸까? 이것은 베이커/베이커의 역설baker/baker paradox이라고 알려진 현상이다. 주변에 아는 베이커가 없더라도 제빵사라는 직업은 뇌에서 여러 가지

연상, 시냅스synapse(신경세포들 간 연결부위. 시냅스를 통해 신호가 전달된다─옮긴이)신경회로와 연결되어 있다. 사진 속의 남자가 베이커라는 말을 듣는 순간 나는 하얀 모자를 쓰고 앞치마를 두른 그의 모습을 시각화했을지 모른다. 밀대나 반죽용 나무주걱을 들고 있는 모습을 상상했을 수도 있다. 어제 저녁 식사에 나온 갓 구운 빵을 떠올렸을 수도 있다. 어린 시절 자주 갔던 빵집과 좋아하던 시나몬 도넛이 생각났을지도 모른다. 애플파이의 향과 맛을 그려보고 상상해봤을지도 모른다.

반면 사진 속 남자의 이름이 베이커라는 말을 들었을 때, 만약 지인 중에 같은 이름을 가진 사람이 있는 것이 아니라면 무엇이 떠오를까? 아무것도 떠오르지 않는다. 인명으로서의 베이커는 추상적인 개념이고 신경회로가 더 뻗어나갈 여지를 주지 않는다. 베이커라는 이름이 눈앞의 사진 말고는 뇌에 저장된 어떤 정보와도 연결되지 않기 때문에 기억하기가 어렵다. 이름보다는 직업명으로서의 베이커를 뒷받침하는 신경 구조가 더 견고하게 구축되어 있다. 많은 신경세포가 섬세하게 연결되어 있어서 활성화 경로가 다양하게 열려 있기 때문이다. "이 남자 누구지?"라는 질문을 들었을 때 단어, 기억, 연상, 의미 등 베이커라는 직업명을 촉발할 단서가 더 많다는 뜻이다 . 기억인출 과정을 구글 검색과 비교해보면 베이커라는 인명보다 베이커라는 직업명에 대한 검색 이력이 더 많은 것과 같은 이치다. 베이커/베이커의 역설은 또한 어떤 사람의 이름은 잘 기억하지 못하면서 그 사람과 관련된 다른 정보는 쉽게 떠올리는 이유를 설명해준다. 전에 만났던 여성을 다시 만났을 때 그녀가 의사이고 뉴욕 출신이며 작년 휴가 때 뉴질랜드를 다녀왔다는 사실은 금방 떠오를지 모른다. 하지만 아무리 애를 써도 이름은 기억나지 않는다. 샤론이었던가? 아니면 수잔? 스테파니? 모르겠다.

다행히 이 역설을 이해하면 사람의 이름을 잊어버리지 않고 설단현상의 빈도를 줄이는 전략도 세울 수 있다. 신경학적으로 고유명사가 훨씬 기억하기 어렵기 때문에 고유명사인 이름을 일반명사화함으로써 기억을 보완할 수 있다. 베이커라는 이름은 뇌에서 어떤 연상작용도 일으키지 않지만, 베이커라는 직업에는 많은 것이 연결되어 있다. 이 둘을 연결하면 어떻게 될까! 사진 속의 베이커 씨가 하얀 모자를 쓰고 앞치마를 두른 채 얼굴에 밀가루를 묻힌 모습을 상상해보는 것이다. 손에는 반죽용 주걱을 들고 초코칩 쿠키를 굽고 있다.

뉴욕 출신 의사이고 휴가 때는 뉴질랜드를 다녀왔다는 그녀. 기억나지 않던 그녀의 이름이 가령 세라 그린이라고 해보자. 세라 제시카 파커가 "나는 뉴욕을 사랑해I ♥ New York"라고 쓰인 셔츠를 입고 귀에 청진기를 꽂은 채 뉴질랜드의 초록 들판에서 양의 심장소리를 듣고 있다고 상상해보면 어떨까. 이제 세라 그린이라는 추상적인 이름이 정교하고, 시각적이고, 선명한 색감에 다소 엉뚱한 요소까지 갖춘 여러 정보들과 연결되었다. 다음번에 세라 그린을 만나면 연결된 신경세포들의 활동을 이끌어내 세라 그린이라는 이름에까지 도달할 수 있을 것이다.

책을 여기까지 읽었으니 내 바람대로라면 지금쯤은 설단현상에 겁을 먹지 않을 것이다. 또한 단어가 생각나지 않는 것이 짜증은 나지만 그냥 기억인출이 조금 느려졌을 뿐, 정상적인 현상이라는 사실도 알게 되었을 것이다. 그러면 직접 한번 겪어보도록 하자. 아래에 10개의 문항이 있다. 보자마자 답할 수 있는 문제도 있고, 애초에 답을 모르는 문제도 있을 것이다. 답을 모르는 것은 기억장애가 아니다. 뇌에 아예 정보가 없는 것이다. 나머지는 답을 알지만 바로 떠오르지 않는 문제들이다.

1. 브라질의 수도는?

2. 밴드 퀸의 리드 싱어는?

3. 빛의 속도는?

4. 소설 『샤이닝』의 작가는?

5. 콜로세움이 있는 도시는?

6. 태양에서 두 번째로 가까운 행성은?

7. 〈이 땅은 너의 땅이다This Land is Your Land〉를 부른 가수는?

8. 유치원 때 선생님 이름은?

9. 시트콤 〈프렌즈〉에서 피비 역할을 맡은 배우는?

10. 〈별이 빛나는 밤〉을 그린 화가는?

답을 아는데 얼른 떠오르지 않는 문제가 하나라도 있는가? 그렇다면 지금 설단현상을 겪고 있는 것이다. 내가 토니 소프라노 역할을 맡은 배우의 이름을 기억하지 못했을 때처럼 이런 상황에 서는 찾는 단어의 정보 일부가 떠오르는 경우가 종종 있다. 어떤 발음인지, 첫 번째 철자는 무엇인지, 몇 음절로 구성되었는지와 함께 찾고 있는 사람이나 장소에 관한, 이름 외에 다른 정보가 떠오를 수 있다. 이런 단서들이 강력하다면 답을 금방 말할 수 있겠지만, 어쩌면 단서라고 생각했던 정보가 잘못된 신경경로로 인도하는 방해꾼이라서 답을 떠올리기가 더 힘들어질 수도 있다.

떠오르는 단서를 모두 신뢰할 수는 없지만, 답을 이미 알고 있는데 생각이 나지 않는 것뿐이라는 확신은 신뢰해도 좋다. 누군가 답을 알려주거나 답을 포함한 여러 개의 선택지를 주기만 해도 바로 답을 알아볼 수 있다. 신경학적으로 답을 불러오는 일보다 답을 알아보는 일이 언제나 쉽다.

여전히 답이 떠오르지 않는가? 답은 뇌 안에 있다. 계속 찾아라. 아니면 지금은 그냥 내버려두었다가 나중에 불현듯 답이 떠오르기를 기다리는 방법도 있다. 이도저도 싫다면, 지금 그 상황이 얼마나 답답할지 나도 충분히 이해한다. 나는 친절한 사람이고, 무엇보다 그대로 두면 이 책에도 집중하지 못할 테니 그냥 답을 알려주겠다. 1. 브라질리아, 2. 프레디 머큐리, 3. 초속 30만 킬로미터, 4. 스티븐 킹, 5. 로마, 6. 금성, 7. 우디 거스리, 8. 어머님께 여쭤보세요, 9.리사 쿠드로, 10. 빈센트 반 고흐.

만족하셨길!

기억해야 한다는 걸
기억하는 법

세계적인 첼로 연주자 요요마는

호텔에 도착하자마자

266년 된 250만 달러 가치의 첼로를

택시 트렁크에 놓고 내렸다는 사실을 깨달았다.

그는 어떻게 자기 삶에서 가장 중요한 물건을

놓고 올 수 있었을까?

― 기억할 일들

• 엄마에게 전화하기

• 병원 예약하기

• 알레르기 약 먹기

• 우유 사기

• 내일 아침에 쓰레기 내놓기

• 남동생에게 문자하기

• 세탁소에 드라이 맡기기

• 세탁 끝난 빨래를 건조기로 옮기기

- 켄에게 메일 회신하기
- 11시에 그렉과 커피 미팅하기
- 3시에 딸 데리러 가기
- 은행 문 닫기 전에 다녀오기

미래기억prospective memory은 나중에 해야 할 일에 대한 기억이다. 미래기억은 정신적인 시간여행 같다. 미래의 내가 하려는 일을 미리 정해두기 때문이다. 뇌가 해야 할 일들의 목록인 동시에 미래의 어떤 시간, 어떤 장소에서 떠올려야 하는 기억이다. 그리고 우리가 잘 잊어버리는 기억이기도 하다. 사실 미래기억은 신경회로가 제대로 뒷받침해주지도 않고 너무 잘 잊어버리기 때문에 기억이 아니라 망각의 영역에 속하는 것 같다.

미래기억을 잊지 않고 떠올리기 위해서는 미래에 행동으로 옮길 의도나 취할 행동을 지금 부호화해서 기억에 넣어두어야 한다. 부호화까지는 대개 아무런 문제가 없다. 대학생인 딸을 위해 집에 오는 비행기표를 오늘 취침 전에 예약해야 하는 상황이라고 해보자. 이제 나는 뇌에게 비행기표를 예약해야 한다는 사실을 나중에 기억해달라고 요청했다. 이제 기억이 부호화되었다.

●●●

눈에서 멀어지면
기억에서도 멀어진다

온갖 어려움이 도사리고 있는 것은 대개 두 번째 단계다. 주어진 임무를 기억해야 한다는 걸 기억해야 한다. 일반적으로 우리 뇌는 기억해야 한다는 사실을 기억하는 데 취약하다. 나이 들어서가 아니다. 나이가 적든 많든 똑같다. 내가 하려고 하는 일(딸의 비행기 예약)에 대한 기억을 미래(취침 전)에, 지금부터 12시간 후에 인출해야 한다. 딸의 비행기표 예약은 취침 전에 이를 닦는 것처럼 강하게 각인된, 취침 전의 습관적 행위가 아니기 때문에 '자기 전에 딸의 비행기표 예약하기'라는 기억을 촉발할 만한 구체적인 단서를 적어도 하나는 만들어놓아야 한다. 그러지 않으면 나는 예약해야 한다는 것을 잊어버릴 가능성이 크다.

미래기억이 떠오르게 하려면 외부 단서가 있어야 한다. 시간을 기반으로 단서를 만들 수 있다. 즉 정해진 시간이 되거나 일정 시간이 지나면 어떤 것을 하도록 기억하게 만드는 것이다. 예를 들어, '2시 50분이 되면 학교에 아이 데리러 가기'로 저장할 수 있다. 아니면 사건에 기반한 단서도 가능하다. 어떤 일이 일어나면, 그것이 다른 일을 하도록 기억을 불러일으키는 단서가 된다. '다이앤을 보면 나 대신 아이를 데리러 가줄 수 있는지 물어보기' 같은 것 말이다.

하지만 우리는 가끔 단서가 너무 사소해서 또는 마땅히 알아봐야 할 단서를 알아보지 못해서 이런 종류의 기억을 쉽게 잊곤 한다. 하려던 일을 잊어버리는 것이다. 그것도 자주. 미래기억은 약속을 잡는 것만 좋아하고 두 번에 한 번은 바람을 맞히는 미덥지 못한 친구 같다. 이렇게 변덕스럽고 부주의한 망각이 대다수의 사람을 거의 매일 괴롭힌다. 우리는 치약을 사거나, 엄마에게 전화를 하거나, 반납기한이 지난 책을 반납하는 것과 같은 일들을 잊어버린다.

다음은 미래기억과 과거기억에 대한 설문지Prospective and Retrospective Memory Questionnaire에서 가져온 질문들이다. 혹시 익숙한 상황이 있는가? 자신이 어디에 속하는지 5(매우 그렇다), 4(자주 그렇다), 3(가끔 그렇다), 2(거의 그렇지 않다), 1(전혀 그렇지 않다)로 점수를 매겨보자.

- 몇 분 후에 뭔가를 하기로 하고 잊어버리는가?
- 약을 먹거나 물이 끓는 주전자의 불을 끄는 등 몇 분 후에 하려고 한 일이 눈앞에 있는데도 잊어버리는가?
- 누군가 알려주거나 달력, 다이어리 등에 써두지 않으면 약속을 잊어버리는가?
- 생일 카드 같은 물건을 사기로 해놓고 눈앞에 카드 가게가 있는데도 깜박하고 사지 않는가?
- 방을 나서거나 외출할 때 가져가려던 물건이 눈앞에 있는데도 몇 분 만에 잊어버리고 두고 나가는가?

- 방문객에게 전달하려던 용건이나 물건을 깜박 잊고 주지 않는가?
- 지금 당장 연락이 닿지 않는 친구나 친척에게 나중에 다시 연락하기로 하고는 잊어버리는가?
- 누군가에게 할 말이 있었는데 몇 분 만에 잊어버리고 하지 않는가?

몇 점인가? 나는 25점이다. 내 경우 1(전혀 그렇지 않다)이나 2(거의 그렇지 않다)는 아예 없다.

마케팅 회사들은 늘 우리의 취약한 미래기억을 먹이로 삼는다. 우리는 사용하지 않거나 마음에 들지 않으면 나중에 해지하거나 취소할 생각에 30일 무료 체험을 조건으로 온라인 운동 프로그램에 가입하고, 명상 앱을 다운로드하고, 잡지를 구독한다. 그러고 나서 운동은 하기가 싫고, 명상은 영 익숙해지지 않으며, 잡지는 처음 하루이틀 읽은 게 다인데도 어느새 연회비 99달러가 결제되었다는 것을 깨닫게 된다. 잊어버리고 해지하지 않았기 때문이다.

1997년 어느 연구팀이 35세에서 80세의 성인 1000명을 대상으로 미래기억과 노화에 관한 실험을 했다. 참가자 모두를 대상으로 건강 상태, 경제사회능력, 인지능력을 검사했지만, 사실 진짜 실험은 그게 아니었다. 검사를 시작할 때 참가자 개개인에게 미리 말해두었다. 두 시간 뒤에 검사가 끝나면 서류에 사인을 해야 하니 담당자가 잊지 않도록 알려주라는 것이었다. 결과는 어 땠을까?

35세에서 40세의 참가자들 중 약 절반만이 담당자에게 서류에 사인하라고 말했다. 의외로 45세의 참가자들이 가장 높은 성적을 보여 75퍼센트가 요청받은 일을 기억했다(실험 보고서 작성자는 왜 이 연령집단이 열 살이나 젊은 연령집단보다 월등한 기억력을 보였는지 이유를 몰라 당황했지만 이를 설명할 만한 근거나 가설을 제시하지는 않았다). 하지만 45세를 기점으로 연령이 높아질수록 성적은 꾸준히 하락했다. 50세에서 60세의 참가자들 중에 임무를 기억한 사람은 절반도 되지 않았다. 65세부터 70세의 참가자는 약 35퍼센트, 75세에서 80세는 20퍼센트가 요청받은 일을 기억했다.

연구자들이 추가로 단서를 제공했다면 어땠을까? 피험자가 실험이 끝난 뒤에 담당자에게 알려주기로 했던 것을 잊어버렸다고 해보자. 이때 담당자가 힌트를 주면 어떻게 될까? "더 해야 할 일은 없나요?"라고 묻고 윙크를 한다면. 모든 연령대에서 이런 행위가 기억을 더욱 촉발했지만, 어떤 연령집단도 100퍼센트를 달성하지는 못했다. 65세 이상은 기억한 사람이 절반도 되지 않았다.

혹시 우리는 사소한 일, 생사가 걸리지 않은 단조로운 임무, 거창하지 않은 의도 등은 더 쉽게 잊어버리고 나중에 기억하지 못하는 게 아닐까? 기억해야 할 일이 엄청나게 중요하다면 미래기억을 더 신뢰해도 되지 않을까?

결코 그렇지 않다.

1999년 10월 16일 토요일, 세계적인 첼리스트 요요마$^{Yo-Yo Ma}$는 뉴욕에서 택시를 타고 약 20분가량을 달려서 페닌슐라 호텔에 도착한 후 요금을 내고 내렸다. 택시가 떠나고 몇 분 후에 요요마는 자신이 무엇을 잊었는지를 기억했다. 266년 된 250만 달러 가치(약 30억 원—옮긴이)의 첼로를 택시 트렁크에 두고 내린 것이다. 어떻게 그럴 수 있었을까? 그 비싸고 귀하고 섬세한 악기는 요요마의 삶에서 가장 중요한 물건이었는데.

나중에 그는 피로와 바쁜 일정 때문에 다른 생각을 하느라 최상의 인지능력을 발휘할 수 없는 상태였다고 변명했다. 하지만 요요마가 첼로를 두고 내린 가장 큰 이유는 뭘까? 첼로 케이스라는 눈에 띄지 않을 수 없는 거대한 단서가 그의 시야 밖에 있었기 때문이다. 택시에서 내릴 때 기억을 촉발할 단서가 없었기 때문에 미래기억, 즉 첼로를 가지고 내려야 한다는 기억이 활성화되지 않았던 것이다. 눈앞에 없으면, 마음도 안 가는 법이다. 요요마에게는 정말 다행스럽게도 경찰이 그날 중으로 그의 첼로를 찾아주었다.

역시 첼리스트인 린 하렐은 17세기에 만들어진 400만 달러짜리 스트라디바리우스 첼로를 역시나 뉴욕 택시 트렁크에 두고 내렸다. 다행히도 그 역시 첼로를 되찾았다. 도대체 왜들 이러는 걸까? 취약한 미래기억이 고가의 골동품 악기를 소유한 연주자들에게만 전형적으로 나타나는 성향이라서?

그럴 리가. 누구의 미래기억이든 대개 믿음직스럽지 못하다. 심지어 의사들도 예외는 아니다. 2013년 미국 보건 안전 감시기관인 조인트 커미션Joint Commission의 보고에 따르면, 이전 8년간 수술 후에 환자의 체내에 남겨진 외과 수술 도구는 무려 772개였다. 위스콘신에서 어느 남자 환자에게 종양 제거 수술을 해준 외과의사는 길이 30센티미터가 넘는 견인기retractor(수술 중 시야 확보를 위해 절개한 피부 등을 고정시키는 도구—옮긴이)를 제거하지 않고 수술 부위를 봉합해버렸다. 캘리포니아 어느 환자의 창자에는 약 15센티미터짜리 금속 클램프clamp(다른 수술 도구나 혈관 등을 고정하는 도구—옮긴이)가 남아 있었다. 의사들이 가위, 메스, 스펀지, 장갑 등을 잊어버리고 환자의 몸 안에 남겨두는 사례는 놀랄 정도로 많다.

어마어마한 고가의 첼로를 깜박하고 택시 트렁크에서 꺼내지 않거나 30센티미터에 육박하는 수술 도구를 잊어버리고 다른 사람의 복강에서 꺼내지 않는 것은 결코 사소한 일이 아니다. 빵 사는 것을 잊거나 쓰레기 버리는 것을 깜빡하는 일 따위와는 비교가 되지 않는다. 하지만 결과의 심각성과는 별도로 기억해야 한다는 걸 기억하지 못했다는 점에서 이 사례들은 다르지 않다. 하나 이상의 단서가 제때, 제자리에 있지 않으면, 그리고 주어진 단서를 포착하기 위해 주의를 기울이지 않으면 우리는 기억해야 한다는 사실을 기억하지 못하게 된다.

●●●

미래기억을 위한
단서 남기기

미래기억은 나이(십 대 자녀들도 방에서 나가기 전에 불 끄는 것을 늘 잊는다)와 직업(외과의사와 첼리스트들이 특히 심하다)을 막론하고 누구에게나 어려운 과제다. 그럼에도 우리는 이처럼 누구나 저지르는 부주의 때문에 부당하게 비난하거나 비난받는다. 동료가 중요한 회의에 깜빡하고 나타나지 않거나 십 대 자녀가 쿠키를 굽고 오븐을 끄지 않으면 미래기억의 오류 때문이 아니라 그 사람이 경솔하고 인품과 신뢰성에 문제가 있으며 무책임해서라고 판단하거나 심지어 알츠하이머병에 걸렸다고 의심해버리기 쉽다. 하지만 이런 문제를 퇴행성신경질환이나 성격 탓으로 돌려서는 안 된다. 예쁘게 포장해서 바로 가지고 나갈 수 있게 부엌 테이블에 올려둔 선물을 잊어버리고 생일 파티에 빈손으로 도착하는 것은 덤벙대는 성격 때문이 아니라 제대로 된 단서가 없었기 때문일 가능성이 크다. 인간이라면 누구나 실수를 하고, 미래기억에만 전적으로 의존한다면 실수의 가능성만 높아진다.

그래서 우리에게 다음과 같은 보완 조치가 필요하다.

해야 할 일을 적어둔다. 미래기억을 도울 외부의 보조수단을 만들 수 있다. 실눈을 뜨고 종이를 든 손을 멀찍이 떨어뜨려 보아도 글자가 잘 보이지 않아 어두운 조명을 탓하기 시작했다면, 혹은 전화기 화면의 글자 크기를 계속 키우고 있다면 어떻게 해야 할까? 안경을 맞춰야 한다. 눈이 주변 세상을 제대로 보지 못하면 우리는 결함을 보완하기 위해 안경이라는 외부 보조수단의 도움을 받는다.

해야 할 일 목록을 미래기억을 보완하는 안경이라고 생각해보자. 할 일을 적어두는 것은 부끄러운 일이 아니다. 지금 계획하고 있는 일을 나중에 기억해줄 거라고 자신의 뇌를 믿지 마라. 아마 기억하지 못할 것이다. 그러니 적자.

나는 최근에 아이들에게 와플을 만들어주려다가 집에 우유가 없어서 우유를 사러 갔다. 가게까지 차를 몰고 가서 이것저것 물건들을 사서 집에 돌아왔지만 여전히 우유는 없었다. 나는 부엌에 들어가 조리대 위에 있는 와플 기계를 보고서야 우유를 사지 않았다는 것을 깨달았다. 다음번에는 가장 확실한 단서(와플 기계)를 들고 나갈 것이 아니라면, 장 볼 목록을 미리 적어야 한다. 그 목록을 잊지 않고 들고 가야겠지만.

목록을 만들었다고 안심해서는 안 된다. 목록을 확인해야 한다. 인간이기에 미덥지 않은 미래기억만 믿고 있다가는 수술 도구를 환자의 몸에서 꺼내지 않고 그대로 봉합할지도 모른다. 그래서 의사들은 해결책의 일환으로 체크리스트를 사용한다. 체크리스트를 꼼꼼히 살핀다면 수술에 사용된 도구의 행방을 하나하나 파악할 수 있다. 마찬가지로 착륙 전에 반드시 비행기 바퀴를 내려야 하는 비행기 조종사들도 빈약한 미래기억에만 의존하지 않는다. 다행히 그들도 체크리스트를 활용한다.

달력에 메모한다. 미래기억을 일정 기간 유지해야 한다는 점도 일을 어렵게 만드는 요인이다. 다음 주 딸의 무용 수업에 수업료를 내야 한다는 사실을 잊지 않으려고 앞으로 일주일 내내 그 사실을 의식하고 있는 것은 비효율적이고 불가능한 일이다.

그러니 할 일을 적어둘 때처럼, 머릿속의 달력에만 의지하지 말고 외부 달력을 활용해야 한다. 허술한 미래기억이 내일 오후 4시 모임을 잊지 않을 거라고 기대해서는 안 된다. 뇌는 그 사실을 잊고 우리를 곤경에 빠뜨릴 것이다. 무엇이든 앞으로 해야 할 일은 모두 달력에 적어두는 습관을 기르자. 이와 함께 하루에도 여러 번 달력을 확인하는 습관을 가져도 좋다. 스마트폰이나 컴퓨터에 능숙하다면 알람이나 알림 메시지를 설정해놓고 달력이나 일정표를 확인하는 방법도 있다.

"딩동! 3시 50분, 회의 참석 10분 전입니다. 출발!"

계획은 구체적으로 세운다. 옛날 사람들은 뭔가를 잊지 않으려고 손가락에 하얀 끈을 묶어 표시했다. 이것은 단지 뭔가 할 일이 있다는 의미일 뿐이다. 줄을 여러 개 묶어두지 않으면 이런 모호한 단서만으로 찾는 기억에 도달하기는 무리다.

그리고 미래기억에게 "이따가 운동하고 싶어"라고 말해봐야 소용없다. 그렇게 해서는 운동하려는 의도를 기억으로 촉발할 구체적인 단서가 만들어지지 않는다. 어떤 운동을 하고 싶은지, 운동을 하려면 어디로 가야 하는지, 언제 운동을 할지 등과 연관된 구체적인 단서가 필요하다. 인정할 것은 인정하자. 이래서는 오늘 안으로 운동을 못 한다.

스스로에게 이렇게 말해보자. "오늘 정오에 요가를 할 거야." 그러면 우리는 심리학자들이 말하는 이른바 실행의도^{implementation intention}라는 것을 갖게 된다. 현관문 옆에 요가 매트를 갖다 놓는다. 눈에 보이는 단서가 생겼다. "정오에 요가"라고 달력에 적어놓고 11시 45분에 알람이 울리도록 설정해놓는다. 요가원까지 가는 데는 차로 10분 정도 걸리기 때문이다.

나마스테.

칸막이 알약 케이스를 활용한다. 미래기억이 제대로 작동하지 않을 경우 겪게 되는 가장 흔하고 심각한 문제가 약 먹을 시간을 놓치는 것이다. 다행히 이 문제는 알약 케이스와 알람을 이용하면 간단하게 해결된다. 칸막이가 있는 알약 케이스는 요일마다 (혹은 하루에 여러 번 먹는 경우 회차마다) 먹을 양을 개별 칸에 나누어 담을 수 있게 되어 있다. 스마트폰 일정관리 앱의 알람 기능이나 약 먹는 시간을 알려주는 앱은 약 먹을 시간에 알약 케이스를 열도록 단서 역할을 해준다. 이 방식은 또 "내가 오늘 약을 먹었던가?"라고 고민하지 않도록 일화기억을 보조하는 역할도 한다.

케이스를 열었는데 오늘 칸이 비어 있으면 약을 먹은 것이다. 두 가지 종류의 기억을 알약 케이스로 한 방에 해결하니 일석이조인 셈이다. 물론 오늘이 무슨 요일인지 정도는 기억하고 있어야겠지만 말이다.

절대 안 보일 수 없는 장소에 단서를 배치한다. 오늘 밤 친구의 파티에 초대받아 선물로 가져갈 와인을 샀다고 해보자. 와인병을 갈색 종이봉투에 담아 부엌 조리대 위에 올려두었다. 내일 할 일 목록이나 달력에 "와인 가져가기"를 적어두지 않는 한, 그리고 집을 나서기 전에 우연히 부엌에 있는 갈색 종이봉투를 발견하지 않는 한, 나는 친구 집에 빈손으로 나타날 가능성이 매우 크다.

내 남자친구는 이런 참사를 미연에 방지하기 위해 밖에 가지고 나갈 물건을 현관 부근에 놓아둔다. 파티에 와인을 들고 가야 한다면 와인을 현관 바닥에 둔다. 콘서트에 갈 때 표를 잊지 않고 가져가야 한다면, 역시 현관문 앞에 둔다. 우편물을 들고 나가야 한다면, 그것도 현관문 앞에 둔다. 그냥 집을 나서려다가는 말 그대로 물건이 발에 차인다. 꼭 문 앞일 필요는 없지만 이는 꽤 확실한 방법이다. 중요한 것은 때를 놓치지 않도록 단서가 제때, 제자리에 놓여 있어야 한다는 점이다. 밤에 자기 전에 먹어야 할 약이 있다면 약통을 캐비닛 안에 안 보이게 숨겨둘 게 아니라 칫솔 옆에 잘 보이게 두어야 한다.

평소와 다른 일과에 주의한다. 반복되는 일상 가운데 일부를 미래기억의 단서로 사용하는 경우가 많다. 취침 준비를 하다가 이를 닦아야 한다는 사실을 기억하는 것이 그 예다. 매일 먹는 약은 아침 식사 시간에 커피와 함께 복용하므로 베이글과 다크로스트 커피는 심장 약을 잊지 않고 먹기 위한 단서 역할을 한다. 하지만 매일 반복하던 일과에서 벗어나거나 늘 하던 일을 일시적으로 못하게 되면, 지금껏 의지해오던 단서가 옮겨지거나 사라질 수 있으므로 주의해야 한다. 가령 아침 일찍 약속이 있어서 아침 식사를 거른다면 약을 먹는 것도 잊어버릴 수 있다. 평소와 다른 하루를 보내게 된다면 달라지거나 누락된 일상적 행위에 딸린 미래기억이 없는지 잠시 생각해보는 여유가 필요하다. 그리고 혹시 택시나 카풀 서비스를 이용할 일이 생기면 차에서 내리기 전에 트렁크에 비싼 첼로를 실어놓지는 않았는지 한번쯤 기억을 더듬어보기 바란다.

인생에서 얼마나 많은
기억이 사라질까

내 인생에서 얼마나 많은 날이 영원히 지워질까?

오늘 내게 일어난 일 가운데

내일까지, 다음 주까지, 내년까지, 20년이 지나서까지

기억에 남을 만한 것이 있는가?

아니면 오늘은 순식간에 어둠 속으로 사라져버릴까?

오늘 잠에서 깨어난 순간부터 지금까지 무슨 일이 있었는지 전부 나열해보자. 잠시만 시간을 내서 꼭 해보길 권한다(지금이 오전 8시이고 이 책을 읽는 것 외에 별로 한 일이 없다면, 어제 했던 일도 괜찮다). 어떤 감각경험을 했고, 무엇을 했고, 누구와 있었고, 날씨는 어땠고, 어떤 옷을 입었고, 무엇을 먹고 마셨고, 어딜 갔었고, 무엇을 새로 알게 되었고, 그때그때 기분은 어땠는지 등을 모두 떠올려본다. 오늘 하루의 일을 최대한 전부 기억해보자.

자, 이제 정확히 일주일 전 오늘을 대상으로 같은 작업을 해보자. 한 달 전 오늘. 1년 전 오늘. 오늘이나 심지어 어제의 일들은

꽤 많은 부분이 기억나지만 시간을 뒤로 되돌리면 되돌릴수록 기억나는 일이 적어질 것이다. 내 경우 작년 오늘에 대한 기억은 하나도 없다.

그 많은 경험과 정보에 대한 기억은 다 어디로 간 걸까?

시간. 시간이 데려갔다.

● ● ●

기억의 가장 강력한 적은 시간이다

우리가 만들고 저장해둔 기억을 빼앗아가는 가장 강력한 적은 시간이다. 어떤 경험에 주의를 기울이고, 그중 일부 감각정보와 감정을 추려서 하나의 기억으로 묶고, 그 경험으로 인해 활성화된 신경세포들 간의 시냅스 연결을 바꿈으로써 기억을 저장하는 것만으로는 부족하다. 저장된 기억을 다시 꺼내보지 않고 뇌의 피질 선반에 먼지만 뽀얗게 쌓인 오래된 트로피처럼 방치하면 기억은 시간의 흐름과 함께 희미해진다.

그렇다면 기억은 완전히 사라질까? 오랜 시간 활성화되지 않은 기억은 완전히 지워지고 말까, 아니면 어떤 경우든 흔적을 남길까? 지금은 사라진 듯한 1년 전 오늘의 상세한 기억도 뇌에 적절한 자극을 주면 되살아날까? 1년 전 오늘의 기억이 눈앞에 하나씩 되살아나면 나는 과연 알아볼 수 있을까? 아니면 그 기억은 완전히 분해되어 뇌에는 더 이상 아무 정보도 남아 있지 않은 걸까? 시냅스 연결, 즉 기억은 말 그대로 사라졌을까? 이런 의문들을 과학적으로 제기하고 답을 구한 것은 1885년 독일의 심리학자 헤르만 에빙하우스Hermann Ebbinghaus였다. 학습한 것을 얼마나 빨리 잊어버리는지 알아내기 위해 그는 2300개의 의미 없는 1음절 '단어'들을 만들었다.

WID

ZOF

LAJ

NUD

KEP

발음할 수 있도록 단어들은 모두 자음-모음-자음으로 이루어져 있다. 하지만 이 단어들은 의미가 없고 따라서 뚜렷한 연상관계를 만들 수도 없다. 그는 새로 만든 단어 목록을 외운 다음 각각 파지간격retention interval(피험자가 정보에 노출된 후 기억을 얼마나 파지, 즉 유지하고 있는지 테스트할 때까지의 시간. 이 시간 동안 주의가 흐트러지거나 기억해야 할 내용과 무관한 정보에 노출될 수 있다—옮긴이)이 짧은 경우(직후, 수 분, 한 시간)와 긴 경우(하루, 일주일)에 얼마나 잘 기억하는지 스스로를 시험했다.

결과는 예상을 크게 벗어나지 않았다. 학습과 회상 사이의 파지간격이 길수록 더 많이 잊어버렸다. 그가 내린 큰 결론은 기억이 한시적이라는 것이다. 기억은 결국 희미해진다.

스스로를 대상으로 실험한 에빙하우스는 학습 초기에는 망각 속도가 매우 빠르다는 사실을 깨달았다. 실험을 위해 만든 의미 없는 단어의 거의 절반을 겨우 20분 만에 잊어버렸다. 하지만 24시간이 지나면서 망각 속도는 안정화되고 기억이 유지되는 비율은 25퍼센트 수준에서 더 이상 크게 떨어지지 않았다. 에빙하우스의 망각곡선Ebbinghaus forgetting curve으로 알려진 이 패턴은 보조적 수단이 없는 상황에서 기억이 시간의 흐름에 따라 나타내는 일반적인 변화 모습이다. 의도나 전략을 활용해 학습한 것을 유지하려고 애쓰지 않으면, 대부분의 경험을 즉각 잊어버리게 된다. 처음에는 가파른 곡선을 그리면서 급격하고 즉각적으로 떨어지던 기억은 시간이 지나면 일정 수준을 유지한다. 초기에 다량의 정보를 잊어버리고 나서 아주 조금이라도 남은 정보는 계속 우리를 떠나지 않는다는 얘기다.

고등학교 때 배운 외국어를 이후 한 번도 사용하지 않았다고 해보자. 사용하지 않았으므로 약 1년 안에 대부분을 잊어버리지만, 그 후에는 잊어버리는 속도가 완만해진다. 잊을 만큼 잊고 나서 남은 기억은 이후 50년은 머리에 남게 된다. 나는 고등학교 때 3년 동안 라틴어를 배웠다. 액자에 넣어둔 학위증 한두 장을 제외하면 열여섯 살 이후 라틴어를 한 글자도 보지 않았다. 그렇게 수십 년이 지났지만 여전히 be동사에 해당하는 라틴어 동사의 격

변화를 기억에서 불러올 수 있다. sum, es, est, sumus, estis, sunt. 하지만 이게 거의 전부다. 사용하지도 반복하지도 않고, 큰 의미도 없다면 대부분의 기억은 재빨리 사라진다. 시간이 지나고 남은 기억이 조금이라도 있다면 그것은 영구 저장된 기억이라고 할 수 있다.

그러므로 에빙하우스와 그의 망각곡선에 따르면, 부호화되어 기억에 저장된 정보가 시간의 흐름에 따라 급격히 질이 떨어지는 것은 맞지만, 그렇다고 완전히 사라지는 것은 아니다. 또 에빙하우스는 시간이 기억을 완전히 지우지 않는다는 사실을 뒷받침하기 위해 절약효과memory savings라는 개념을 최초로 도입하기도 했다. 실험용 단어들을 정확히 기억하기 위해 처음에는 10번을 봐야 했다고 하자. 그런 다음 외운 것들을 전부 잊어버릴 때까지 기다렸다가 다시 학습했다. 그러자 이번에는 겨우 다섯 번 만에 실수 없이 모두 외울 수 있었다. 즉 시간이 흘러 목록에 있는 단어를 하나도 떠올리지 못하게 되었어도 사실은 완전히 잊은 것이 아니라는 뜻이다. 뇌는 학습하기 이전의 상태로 되돌아간 것이 아니었다. 기억의 흔적이 남아 단어를 활성화하고 재학습하는 과정을 이전보다 쉽게 이끌어주었다.

하지만 생리학적으로는 기억이 지워질 수 있다는 것을 보여주는 증거들이 있다. 에빙하우스 이후의 연구들은 특정 기억을 담당하는 시냅스 무리들이 긴 시간 활성화되지 않으면 물리적으로 제거된다는 것을 보여주었다. 휴면 상태가 너무 오래 지속되면 신경세포들은 다른 세포들과 해부학적·전기화학적으로 이어져 있던 연결가지를 말 그대로 거둬들인다. 연결은 끊어지고 나아가 그 연결이 담고 있던 기억도 더는 존재하지 않게 된다.

두 경우 모두 경험한 적이 있을 것이다. 나는 중·고등학교 시절 2년간 이탈리아어 수업을 들었지만 이후 한 번도 이탈리아어를 공부하거나 말한 적이 없다. 누가 이탈리아어로 월요일부터 일요일까지 말해보라고 하면 머릿속이 하얘졌을 것이다. 아마 이탈리아어는 완전히 잊어버렸다고 말했을 것이고 스스로도 그렇게 믿었을 것이다. 하지만 누군가 "lunedì(월요일), martedì(화요일)"라고 운만 띄워주었다면, 아마 mercoledì(수요일), giovedì(목요일), venerdì(금요일), sabato(토요일), domenica(일요일)까지 막힘없이 술술 읊었을 것이다. 우와! 도대체 어디 숨어 있다가 나타난 기억일까? 이탈리아어 요일명은 내 뇌에 여전히 기억으로 존재하고 있었는데 나는 꿈에도 모르고 있었던 것이다!

그런가 하면, 아무리 많은 단서가 주어져도 예전에는 틀림없이 알았을 정보가 전혀 기억나지 않는 경우도 간혹 있다. 최근에 내 친구가 펠로폰네소스 전쟁에 대해 언급한 적이 있다. 분명히 고등학교 역사 시간에 배웠는데, 아마 벼락치기로 외워서 답안지를 쓸 때까지만 기억이 유지되었나 보다. 그리고 펠로폰네소스 전쟁에 대한 관심이 전혀 없었기 때문에, 의미 없는 정보의 망각 패턴을 보여주는 에빙하우스의 곡선대로 외운 정보 대부분을 즉석에서 잊어버렸을 것이다. 이후 역사학자가 아니라 신경과학자가 되었으므로 펠로폰네소스 전쟁에 대해 학습한 내용을 한 번도 되돌아보지 않았다. 그러니 시험 이후 끈질기게 버틴 기억이 조금이라도 남아 있었다 해도 시간이 지나면서 생리학적으로 모조리 삭제되었을 것이다. 내 친구가 어떤 단서를 얼마나 자세히 제시하든 상관없이 어떤 기억도 되살아나지 않았다. 해당 신경연결 부위를 가지치기해버렸나 보다.

●●●

시간의 힘을 견뎌낼 만큼
의미가 있는가

부분적이든 전면적이든, 기억이 궁극적으로 사라지느냐 아니냐는 일단 뇌에 저장된 정보로 우리가 무엇을 하느냐에 달려 있다. 기억을 잠식하는 시간의 힘을 거스르는 방법은 크게 두 가지, 즉 반복과 의미 부여다. 뇌에 겨우 저장한 정보를 계속 유지하고 싶다면, 계속 활성화하라. 정보를 자꾸자꾸 되뇌는 것이다. 회상하고, 되뇌고, 반복한다. 지나치다 싶을 정도로 반복하면 시간에 굴복하는 기억의 양을 크게 줄일 수 있다. 다시 말해 자가 테스트에서 100퍼센트를 달성할 때까지 외우고 나서도 계속 공부하면 된다. 숙달된 후에도 계속 반복한다. 나는 지금도 윌리엄 셰익스피어의 희곡에 등장하는 맥베스의 "내일, 내일, 또 내일"이라는 독백을 틀리지 않고 암기할 수 있다. 고등학교 때 외우고, 외우고, 또 외웠기 때문이다.

자동차 라디오에서 노래가 흘러나왔는데 20년 만에 듣는 그 노래의 가사가 순식간에 전부 기억났던 경험 혹시 있는가? 반가운 마음에 따라 부르다 보니 끝까지 가사 한마디 안 틀리고 다 따라 불렀던 경험. 아마 20년 전에 그 노래가 유행할 당시 하루에도 여러 번 듣고 따라 불렀을 것이다. 라디오의 아무 채널이나 틀면 그 노래가 흘러 나와서 노래를 다 외운 뒤에도 듣고 또 들었을 것이다. 기억을 지키는 싸움에서 시간과 대적할 최강의 전사는 반복이다.

　하지만 때로는 잊고 싶은 기억도 있다. 배우자의 외도로 이혼을 했다면 너저분한 기억과 생각만 해도 머리가 아파오는 경험은 그만 잊고 싶을 것이다. 그렇다면 지나간 이야기는 그만 떠올리자. 지난 일을 친구들과 시시콜콜 곱씹지도, 혼자 떠올리지도 말자. 이미 기억에 새겨진 나쁜 경험을 더 깊이 각인시킬 필요는 없다. 나쁜 기억을 떠올리지 않는 방법을 찾아 실천하다 보면 기억은 결국 사라진다. 배우자가 외도했다는 기억 자체는 계속 남아 있겠지만, 그 기억의 감정적 요소들은 점점 희미해진다. 기억의 침식은 시간이 상처를 치유하는 방식이기도 하다.

　기억을 시간으로부터 보호하는 또 다른 방법은 의미를 부여하는 것이다. 단어처럼 보이지만 실제로는 아무 의미 없는 글자들의 단순 조합 세 개(grudelon, micadeltere, fidiklud)는 외워보려 해도 금방 기억에서 사라질 것이다. 반면 진짜 단어 세 개, 우쿨렐레, 마이크, 무지개를 외우는 일은 어렵지 않다. 뇌에서 단어들을 연결해 의미가 있는 이야기를 만들 수 있기 때문이다.

그 여자는 우쿨렐레를 연주하면서 마이크에 대고 〈무지개 너머 Over the Rainbow〉를 불렀다.

뇌는 의미를 좋아한다. 기억하고 싶은 정보들을 이미 알고 있는 지식, 평소에 중요하게 여기는 것들과 연관 지어 하나의 이야기 안에 녹여 넣거나 인생 서사의 특별한 순간에 끼워 넣음으로써 기억을 오래 남길 수 있다. 또 나에게 의미 있는 기억이라면 더 자주 생각하고, 다른 사람과 공유하고, 사용하고, 되돌아볼 것이다. 그런 식으로 의미 있는 기억들은 자주 반복됨으로써 더 강력해진다. 에빙하우스가 실험을 위해 만든 의미 없는 단어들은 빨리 잊혔다. 의미가 없기 때문이다. 기억으로 간직하려는 정보가 의미 있는 것일 때 에빙하우스의 망각곡선은 완전히 다른 모양이 된다.

최근에 보았지만 마음에 들지 않았던 영화가 있는가. 나는 〈라라랜드〉가 그랬다. 영화에 관해 자세히 생각나는 부분이 얼마나 되는가? 배우 엠마 스톤과 라이언 고슬링이 출연한다. 어떤 내용이었는가? 사실 무슨 이야기인지 기억나지 않는다. 춤추고 노래하는 영화였다. 누구랑 보았는지 기억나는가? 기억나지 않는다. 영화를 보면서 팝콘 같은 간식을 먹었는가? 기억나지 않는다. 무슨 요일에 보았는가? 전혀 모르겠다. 영화를 어디서 보았는가? 비행기? 극장? 집? 비행기 아니면 집에서 보았다. 외우고 있는 대사가 있는가? 전혀.

왜 나는 〈라라랜드〉도, 1년 전 오늘의 일도 기억하지 못할까?

영화도, 1년 전 오늘도 기억으로 남길 만큼 충분한 의미를 담고 있지 않기 때문이다. 1년 전 오늘도 나는 아마 여느 때처럼 스타벅스에 갔다가 글을 쓰고, 점심을 먹고, 여기저기서 볼일을 보고, 방과 후 활동을 하고, 저녁을 먹고, 아이들에게 이를 닦으라고 여러 번 이야기한 다음 잠자리에 들었을 것이다. 수백 번이나 반복한 너무 단조롭고 그저 그런 일상이다. 그날 아침 식사, 그날 본 단어, 그날 나눈 대화, 그날 읽은 책, 그날 마신 스타벅스의 차이 라테, 그 영화가 특별한 의미가 있었던 것이 아니라면(그래서 다시 돌아보고, 다른 사람과 공유하고, 반복하고, 다시 보고, 머릿속에 외워질 때까지 되새기고도 또 되새긴 것이 아니라면), 기억은 시간에 의해 완전히 해체되고 알아볼 수 없게 흩어져서 망각곡선의 저점까지 밀려나 버렸을 것이다. 〈라라랜드〉는 내게 아무 의미도 없었고 그래서 1년이 지난 지금 나는 그 영화에 대해 거의 아무것도 기억하지 못한다.

이번에는 재미있게 본 영화를 하나 정해서 같은 질문을 해보자. 질문에 대한 대답이 양적·질적으로 어떻게 다른지도 비교해보자.

나는 작년에 〈스타 이즈 본〉이라는 영화를 조와 내 친구 세라와 함께 보스턴 커먼 극장에서 보았다. 세라와 나는 팝콘을 먹었다. 우리는 극장까지 걸어갔다. 10월이었다. 세라는 내 왼쪽에, 조는 내 오른쪽에 앉았다. 우리 셋은 가운데 구역 오른쪽, 앞에서 10번째 열쯤에 앉았다. 나는 그 영화가 정말 좋았다. 영화의 감정적 여운이 몇 주 동안 가시지 않았다. 세라와 나는 영화에 대해 계속 메시지를 주고받으면서 무조건적 사랑, 중독, 연약함에 대해 이야기했다. 나는 스트리밍 서비스로 영화에 나온 노래들을 들으며 따라 불렀고, 오프라 윈프리와 브래들리 쿠퍼가 영화에 대해 이야기를 나누는 팟캐스트도 들었다. 〈라라랜드〉와는 달리, 〈스타 이즈 본〉에 대한 기억은 시간이 지나도 쉽게 지워지지 않을 것이다. 나에게 의미 있는 영화였기 때문이다.

오늘 하루를 돌아보면서 어떤 경험 혹은 어떤 정보가 시간의 시험을 견뎌낼 만큼 의미를 갖는지 생각해보자. 오늘 학습했거나 내게 일어났던 일 가운데 내일까지, 다음 주까지, 내년까지, 20년이 지나서까지 기억에 남을 만한 것이 있는가? 아니면 오늘은 순식간에 어둠 속으로, 에빙하우스의 망각곡선 밑바닥으로 사라질까? 내 인생에서 얼마나 많은 날이 영원히 지워질까?

망각이 우리를
살게 한다

바꾸기 전 넷플릭스 비밀번호, 습관을 잘못 들인 운동 자세같이

불필요한 기억들은 곧 시간이 지워줄 것이다.

하지만 성폭력이나 교통사고, 전쟁터에 대한 기억 등

불시에 떠오르는 끔찍한 기억들은 시간이 갈수록 뚜렷해진다.

과연 그런 기억들도 잊게 만들 수 있을까?

수많은 신경과학과 심리학 논문 자료에 'S, 아무것도 잊지 못했던 남자'로 소개된 솔로몬 셰레셰프스키^{Solomon Shereshevsky}는 비범한 기억력을 가졌다. 러시아의 심리학자 알렉산드르 루리야^{Alexander Luria}는 30년에 걸쳐 셰레셰프스키의 기억력을 시험하고 또 시험했다.

셰레셰프스키는 끝없이 나열된 숫자들이나 앞뒤가 맞지 않는 정보, 여러 페이지에 달하는 낯선 외국어 시, 이해하지 못하는 복잡한 과학공식 등을 외울 수 있었다. 더 놀라운 점은 루리야가 수년 후에 같은 실험을 반복했을 때 셰레셰프스키가 위의 모든 정보를 처음 순서 그대로 틀리지 않고 외웠다는 사실이다.

신기한 초능력처럼 들리지 않는가? 하지만 방대한 정보를 암기하는 남다른 능력 때문에 셰레셰프스키는 혹독한 대가를 치렀다. 그는 과도하고 때때로 의미 없는 정보로 인해 중압감에 시달렸다. 원하지도, 필요하지도 않은 정보를 여과하고, 우선순위를 정하고, 잊어버리는 일이 그에게는 너무 힘들었다. 잊지 못한다는 것이 때때로 그의 일상을 심각하게 방해하기도 했다.

우리는 망각을 나쁘다고 생각하는 경향이 있다. 모두가 사랑하는 기억이라는 주인공과 운명의 대결을 벌이는 악역을 망각에게 덮어씌운다. 하지만 잊는다는 것이 반드시 노화의 안타까운 징후, 치매의 병증, 부끄러운 무능력, 해결해야 하는 부적응 문제는 아니며, 심지어 우연도 아니다. 어제 있었던 일을 세세하게 기억하는 것이 반드시 이롭지만은 않다. 때때로 우리는 지금 알고 있는 것을 차라리 잊고 싶을 때가 있다.

● ● ●

차라리 잊고 싶을 때도 있다

망각은 정말 중요하다. 망각 덕분에 우리는 날마다 여러 방면에서 제 역할을 수행할 수 있다. 주의를 흐트러뜨려서 실수를 유발하거나 스스로를 불행하다고 느끼게 만드는 불필요하고, 무의미하고, 성가시고, 심지어 괴롭기까지 한 기억은 무엇이든 없애는 것이 차라리 낫다. 때때로 우리는 한 가지에 집중하고 기억하기 위해 다른 한 가지를 잊어야 한다. 그렇기 때문에 잊는 것은 결국 기억력 향상에 기여한다.

또 우리는 망각을 인간의 기본 설정값 정도로 여기는 경향이 있다. 어떤 정보를 기억하기 위해 적극적으로 노력하지 않으면, 뇌는 저절로 그 정보를 잊는다. 잊는 것은 쉽다. 50세가 넘으면 너무 쉽다. 노력하지 않아도 잊는다. 집중해서 듣지 않았으므로 방금 누군가 한 말을 잊는다. 강력하면서도 충분히 연관된 단서를 만들어놓지 않았기 때문에 세탁소에 맡긴 옷을 잊어버리고 찾지 않는다. 학교에서 배운 내용을 너무 오랫동안 주기적으로 떠올리지 않았기 때문에 그때 배운 산업혁명에 대해 기억하지 못한다. 우리는 망각 앞에서 무기력하고 수동적인 희생자다. 누구나 그렇다. 하지만 망각은 때로 용의주도하다. 적극적이고, 의도적이고, 의욕적이고, 목표가 뚜렷하고, 그래서 효율적이다.

예를 들어 나는 출판 홍보나 강연을 위해 여행을 많이 다니다 보니 간혹 매일 다른 도시에서 묵을 때가 있다. 이전에 묵었던 호텔 네 곳의 방 번호를 모두 외울 수 있다면 대단한 능력일 수 있겠지만, 실생활에서는 오늘 묵을 호텔의 엘리베이터를 타기 전에 어젯밤 묵은 호텔 방의 번호는 머릿속에서 지워버리는 편이 나 자신을 위해 좋다. 새로 묵을 호텔 엘리베이터를 탔는데 지난 나흘간 묵었던 호텔의 방 번호들이 의식 속으로 들어온다면 번호들이 머릿속에서 뒤죽박죽되어 몇 층 버튼을 눌러야 할지 알 수 없게 되어버린다. 체크아웃하는 순간 방 번호를 잊어버리고 싶다. 지능을 갖춘 기억체계라면 정보를 기억할 뿐만 아니라 더는 유용하지 않은 정보는 무엇이든 적극적으로 잊는다.

비슷한 사례를 들어보겠다. 우리 집에는 어린아이 둘과 대학생 나이의 딸이 있다. 여기에 또래 친구들까지 드나들면서 시도 때도 없이 간식거리를 찾는 바람에 나는 한 주에도 여러 번 식료품을 사러 나간다. 매번 식료품 봉투를 카트에 가득 싣고 마트를 나올 때마다 차를 어디에 세워두었는지 기억을 더듬어야 한다. 그런 순간에 지난달, 지난주 혹은 어제 차를 세워둔 곳이 생각난다면 유용하지 않은 정보들이 너무 많이 연결되면서 어디로 가야 할지 갈팡질팡하게 된다. 나는 오늘 차를 세운 장소에 관한 정보만 원한다. 그래서 그 이전에 차를 세운 장소를 잊을 수 있다는 것은 좋은 일이다. 마찬가지로 일단 차를 찾은 뒤에는 오늘 차를 어디에 세웠는지는 잊어버려야 내일 또 주차를 하고 차를 찾을 때 방해를 받지 않는다.

이렇게 반복적으로 새로운 정보를 기억해야 하는 경우 더는 유용하지 않은 정보를 잊는 것은 고쳐야 할 문제점도, 고민거리도 아니다. 샤워를 하고, 옷을 입고, 커피를 마시고, 아침을 먹고, 출근을 하고, 주차를 하는 등 매일 할 일이 화이트보드에 적혀 있다고 상상해보자. 하루가 끝나갈 무렵이면 화이트보드는 개념, 정보, 경험들로 빼곡히 채워질 것이다. 단조롭고 사소한 일상을 잊는 것은 화이트보드를 깨끗이 지워서 내일을 위한 공간을 확보하듯, 다음에 기억하고 싶은 것들을 더 쉽게 유지하고 불러오게 해준다.

하지만 잊는 것이 늘 쉽지만은 않다. 우리는 흔히 기억하는 것만 어렵다고 생각하지만, 잊는 것도 때에 따라 어려울 수 있다. 나는 약 한 달 전에 넷플릭스 비밀번호를 바꾼 뒤로 몇 주 동안 매번 로그인할 때마다 예전 비밀번호를 입력했다. 근육기억에 끈덕지게 남아 있던 예전 비밀번호가 새로 생성된 기억이 소환되지 못하게 방해하고, 그 결과 새로운 비밀번호가 손가락을 움직이는 근육기억으로 자리 잡지 못했기 때문이다. 나는 예전 비밀번호를 잊고 대신 새로운 비밀번호를 기억해야 했다.

예전 비밀번호에 대한 기억을 건드리지 않고 내버려둘 수 있다면 결국 시간이 그 기억을 희미하게 만들어 지워버릴 것이다. 하지만 문제는 내버려둘 수가 없다는 점이다. 나도 모르게 예전 비밀번호를 입력할 때마다 예전 비밀번호에 대한 기억을 활성화하고 재강화하기 때문이다.

대개 망각은 신경세포의 생물학적 연결 구조가 자연스럽게 변화하거나, 어쩌다 보니 특정 기억을 자주 인출하지 않게 된 경우 우연히, 수동적으로 일어난다. 하지만 기억을 처리하는 각 단계에 맞게 적절한 조치를 취하면 유지하고 싶지 않은 정보를 적극적으로 잊어버릴 수도 있다. 앞서 설명했지만, 기억을 생성하는 첫 단계는 경험이나 정보의 부호화다. 그런데 기억을 만들기 위해서는 경험이나 정보를 인식하고 주의를 집중해야 한다. 그러므로 이 단계에서 처음부터 주의를 기울이지 않는 것이 의도적으로 잊는 방법 중 하나다. 외면하고, 듣지 않고, 다른 대상에 주의를 돌린다. 그러면 정보는 부호화되지 않는다. 뭔가를 듣고 싶지 않을 때, 손가락으로 귀를 막고, "안 들린다, 안 들린다"라고 외치는 것과 같은 원리다. 주의를 의도적으로 다른 데로 돌리는 것은 경험이나 정보를 기억으로 남기지 않는 확실하고 강력한 방법이다.

●●●

오래된 비밀번호, 거슬리는 광고 음악 그리고 트라우마

하지만 원하지 않는 정보에 주의가 이미 쏠려버렸고 그래서 그 정보가 뇌에 침투해버렸다면 어떻게 해야 할까. 그럴 때는 의식적 혹은 무의식적으로 해당 정보를 버릴 수 있다. 해당 정보가 기억으로 강화되지 않도록 선택적으로 제외시키는 것이다. 예를 들어 우리는 스스로에 대한 부정적인 정보가 기억으로 강화되지 않도록 제한하는 경향이 있는데 이런 정보는 절대로 장기 저장되지 않는다. 우리는 스스로를 깎아내리는 정보를 골라내고 잊어버린다.

긍정 편향optimism bias에 대한 재미있는 연구가 있다. 심리학자들이 피험자들을 대상으로 가짜 인성 테스트를 했다. 테스트 결과를 '채점'해서 피험자 개개인에게 보여주었는데 실은 모두 똑같은 가짜 결과지였고, 나열된 32가지 인성 항목 가운데 일부는 긍정적, 일부는 부정적이었다. 이후 피험자들에게 자신이 받은 결과 가운데 생각나는 항목들을 최대한 떠올려보라고 했다.

피험자들은 어떤 항목을 주로 기억했을까? 다른 사람의 결과지라는 이야기를 들은 경우를 제외하면 모두 긍정적인 특성을 부정적인 특성보다 훨씬 많이 기억했다. 반면 다른 사람의 결과지라는 이야기를 들은 사람들은 긍정적인 특성과 부정적인 특성을 동일하게 기억했다. 우리는 스스로를 바라볼 때 긍정적인 면에 치우친다. 즉 스스로에 관해서는 긍정적인 정보를 선택적으로 강화하고 기억으로 저장하는 반면 부정적인 정보는 적극적으로 배제하고 잊는다.

그러면 이미 강화되어 장기기억 저장소에 들어간 기억을 잊고 싶을 때는 어떻게 해야 할까? 이 경우 정보를 인출하는 계기가 될 만한 단서와 맥락에 되도록 노출되지 말아야 한다. 그런 곳에 가지도 말고, 그런 기억에 대해서는 생각하지도, 입에 담지도 않는다. 부지불식간에 그런 기억을 되뇌어서도 안 된다. 나도 모르게 거슬리는 광고 음악을 흥얼거리고 있는 것을 깨달았다면 즉시 노래를 멈춰라. 그만, 그만. 끝까지 부르면 안 된다. 생각을 전환해라. 원하지 않는 기억의 신경회로가 활성화되지 않도록 저항해라. 완전히 인출해버리면 그때마다 기억은 강해진다. 기억은 내버려둘수록 약해지고 잊힌다.

물론 말처럼 쉽지 않다. 트라우마를 겪은 사람들에게는 특히 어려운 일이다. PTSD, 즉 외상후 스트레스 장애Post-traumatic stress disorder를 겪는 사람들은 원치 않는 기억을 인출하고, 다시 경험하고, 재강화하는 일을 멈출 수 없다. 오히려 매번 청하지도 않은 기억이 떠오를 때마다 자기도 모르게 기억을 더 뚜렷하게 각인시키게 된다. 끔찍한 기억, 특히 감정적인 경험이 활성화되는 것을 부분적으로나마 막을 수 있다면 시간이 본연의 능력을 발휘해 기억을 사라지게 할 것이다. 하지만 그것마저도 어떤 이들에게는 불가능하게 여겨질지 모른다. PTSD를 겪는 사람들은 성폭력, 교통사고, 전쟁터에 대한 기억을 멈출 수가 없다. 잊을 수가 없는 것이다.

트라우마를 유발하는 기억을 잊고 싶은 사람들에게 잠재적으로 유용하고, 어쩌면 더 희망적일 수 있는 또 다른 방법은 나쁜 기억을 지속적으로 떠올리면서 기억에 변화를 가하는 것이다. 앞서 설명했지만, 과거의 일을 떠올릴 때마다 우리는 그 기억을 변화시킬 수 있다. 여기서 중요한 것은 원래 기억에 바뀐 기억을 덮어씌워 새로운 버전의 기억을 재강화하고 저장할 수 있다는 것이다. 이런 기억의 수정은 대개 의도치 않게 일어난다.

하지만 트라우마를 일으키는 경험을 더 이상 포함하지 않도록 새로운 버전의 기억을 의도적으로 설계할 수 있다면 어떨까? 전문 치료사의 처방하에, 기억의 재강화 단계에서 공포와 불안을 일으키는 요소들을 제거함으로써 고통스러운 기억을 포맷할 수 있다면? 쉽게 편집되는 일화기억의 특성을 이용해 힘든 기억이 차지하고 있던 자리에 원래의 사건을 더 따뜻하고, 다정하고, 정서적으로 온건한 버전으로 편집해 저장할 수 있을지 모른다.

어떤 기억을 불러일으키는 단서나 맥락을 피할 수 없고, 그래서 그 기억으로부터 벗어날 수 없다면, 〈겨울왕국〉 엘사 여왕의 말처럼, '그냥 보내주자Let it go.' 뇌에게 "잊어버려. 담아두지 마. 흘려보내"라고 말하면 뇌가 그대로 따라할지 모른다. 스스로에게 내리는 지시가 효과를 발휘할 수도 있다. 새로운 기억이 완전히 생성되기 전에 기억강화를 중단시키거나 이미 형성된 기억을 삭제하는 신경 신호전달 프로그램을 활성화하는 방식이다.

시각화를 통해 뇌가 스스로 기억을 삭제하게 할 수도 있다. 과도한 정보에 시달리던 셰레셰프스키는 원하지 않는 불필요한 기억을 뇌에서 지워버리고 싶은 바람이 간절했다. 그는 자신의 불쾌한 기억에 불이 붙어, 불꽃과 연기가 되었다가 결국 사라지고 재만 남는 모습을 시각화했다. 대단한 시각화 능력이지만 불행하게도 끈질긴 기억은 사라지지 않고 선명하게 남았다.

다행히 그도 끈질겼다. 그는 잊고 싶은 기억이 칠판 위에 하얀 분필로 적어놓은 의미 없는 정보라고 상상했다. 그런 다음 칠판을 깨끗하게 지움으로써 이미지가 사라지는 상상을 했다. 이번 시도는 효과가 있었다. 기억을 시각화하고 의식으로부터 지우도록 의도적으로 지시함으로써 다행히 잊을 수도 있게 되었다.

예전 비밀번호, 잘못 배운 골프 스윙 동작처럼 끈질기게 사라지지 않는 근육기억을 새로운 기억으로 교체하기 위해서는 이와 다른 전략이 필요하다. 근육기억은 우리가 의식하지 않아도 활성화된다. 그러므로 오래된 비밀번호를 새로운 비밀번호로 바꾸거나 잘못된 골프 동작을 개선된 동작으로 바꾸기 위해서는 처음 배울 때의 과정을 반복해야 한다. 연습, 연습, 또 연습하라는 얘기다. 새로운 비밀번호를 여러 번 반복해서 입력하다 보면 손가락은 저절로 바뀐 번호를 선호하게 된다. 더 나은 동작이 저절로 나올 때까지 계속 클럽을 휘두르면 옛 기억을 새로운 근육기억으로 덮을 수 있다.

의식적인 망각을 가능하게 하는 매개체는 무엇일까? 정확히는 모른다. 의도적인 망각을 연구하는 신경과학 분야가 여전히 걸음마 단계이지만, 적극적인 망각이 어떻게 일어나는지 마침내 이해하게 되면 신경장애와 PTSD, 우울증, 자폐증, 조현병, 중독 등의 정신질환에 대해 더 깊이 파고들 수 있을 것이다. 이들 증상에 대해 지금까지 밝혀진 바에 따르면, 기억과 연동된 단서들을 잊지 못하는 것은 부적응의 문제인 것으로 알려졌다.

우리는 뛰어난 기억력을 원하지만 모든 부담과 공로를 온전히 기억에만 돌릴 수는 없다. 기억체계가 최적의 기능을 수행하기 위해서는 정보저장과 정보삭제가 균형을 이루도록 섬세한 조정이 필요하다. 기억이 발휘할 수 있는 최적의 능력은 모든 것을 저장하는 것이 아니라 의미 있고 유용한 정보만을 남기고 나머지는 버리는 것이다. 신호를 저장하고 소음은 제거한다. 잊는 능력은 기억하는 능력만큼이나 꼭 필요하다.

노화,
그 숙명에 관하여

같은 나이라도

사람마다 주름이 조금 더 생기고 덜 생기듯이,

사람마다 기억이 겪는 노화의 영향은 다르다.

하지만 일흔 살의 기억은 서른 살 때보다

느리고 힘이 없다. 어쩔 수 없는 일이다.

나이와 무관하게, 잊는 것은 인간 기억의 자연스러운 부분이다. 우리는 제대로 신경을 쓰지 않았기 때문에, 기억을 떠올릴 단서나 맥락이 없기 때문에, 일상적이고 사소한 사건이라서, 연습하지 않아서, 잠을 충분히 못 잤거나 스트레스를 받아서, 아니면 너무 오래된 일이라서 잊어버린다. 하지만 우리가 나이 들어갈수록, 우리의 기억도 늙는다.

이미 알겠지만, 나이가 들면 몸은 겉모습도 기능도 그리 유쾌하지 않은 변화를 겪는다. 흰머리가 생기고, 눈가에는 잔주름이, 이마에는 깊은 주름이 생긴다. 이제 돋보기 없이는 옷에 붙은 라벨을 읽을 수 없고, 매년 참가하던 5킬로미터 단축마라톤 기록은 작년보다 꼬박 1분은 늦어졌을 것이다. 아 참, 기억도 예전만큼 또렷하지 않다. 좋게 말해서 그 정도다.

어느 날 갑자기 희미해지더니, 더 이상 정확하지도, 필요할 때 빨리 떠오르지도 않게 되어버린 기억은 지각을 밥 먹듯 하고, 회의 준비도 하지 않고, 전화도 안 받고, 자리에 앉아 졸거나 침을 흘리며 자는 모습이 자주 포착되는 불량 사원 같다. 예전에는 이렇지 않았다(다른 사람들은 그렇게 생각하지 않을지도 모르지만). 한때는 기억력이 정말 좋았다. 하지만 최근엔 별로 그렇지 않다.

가장 자주 하는 불평은 단어가 빨리 떠오르지 않는 일이 잦다는 것이다. 혀끝에서 맴돌기만 하고 안 떠오르는 경우도 있고, 그냥 아예 아무 생각이 나지 않을 때도 있다. 내 입에서 무슨 말이 나오기를 기대하는 사람들 앞에서 대화가 중단되고 어색한 침묵이 흐르는 것을 보고만 있자니 답답하고 민망하다. 뇌의 모든 회로가 가동을 중단한 것 같은 상황에서 내 머릿속이 지금 어떨지를 상상해보면 떠오르는 것은 정지화면과 로딩 지연 메시지뿐이다.

마침내 하늘이 도와 찾던 단어가 갑자기 떠오른다. 기억이 돌아오자 눈에 띄게 안도한다. 하지만 마음 한구석이 여전히 찜찜하고, 그런 기분이 커질수록 점점 더 불안해진다. 아까는 왜 그렇게 생각이 안 났을까?

십중팔구, 이런 경험은 굳이 신경과 전문의의 진료가 필요 없는, 중년에 흔히 겪는 정상적 건망증의 한 사례일 것이다. 해로울 것 없는, 정상적인 노년의 경험이자 기억체계가 나이 들어가는 신호일 뿐 질병의 신호가 아니다.

● ● ●

나이 들수록 사라지는 기억, 강화되는 기억

그나마 반가운 소식은 나이가 든다고 해서 모든 방면의 기억력이 저하되는 것은 아니라는 사실이다. 예를 들어 나이가 들어도 근육기억은 퇴화하지 않는다. 50세가 된다고 자전거 타는 법을 잊어버리지는 않는다. 뇌질환을 앓거나 머리를 다치지 않는 이상, 아흔 살이 되어도 옷을 입고, 밥을 먹고, 전화를 걸고, 손자들에게 보낼 이메일을 쓰고, 이 책을 읽는 데에 아무 문제가 없다. 근육기억은 나이가 들어도 별다른 변화를 겪지 않는다. 다만, 방법을 기억하더라도 그대로 행동에 옮기는 것이 예전만 못할 수는 있다. 몸의 근육이 예전만큼 강하고 유연하지 않으며, 반응속도도 느리고, 젊을 때만큼 보이지도 들리지도 않는다. 하지만 한번 학습한 절차는 여전히 기억하고 있다. 몸도 따라준다면 좋겠지만.

일반적으로 나이 든 성인들은 젊은 성인들보다 더 많은 의미기억(어휘와 학습된 정보)을 보유하고 있다. 나이가 들수록 많은 지식이 쌓이고, 이렇게 쌓인 지식은 감사하게도 얼굴에서 콜라겐이 빠져나가듯 빠져나가지 않는다. 노인들은 젊은이들보다 많이 안다. 그리고 의미기억은 나이 들어가면서도 계속 강화·저장될 수 있다. 일본의 기술자 하라구치 아키라는 퇴직하고도 파이를 11만 1700자리까지 기억하지 않았던가. 그는 예순아홉 살에 이 놀라운 성취를 이뤘다. 건강하게 나이 들어가는 뇌의 기억력은 계속해서 놀라운 성취를 이루어낸다.

하지만 많은 사람의 예상대로 기억의 많은 기능이 나이 들수록 자연스럽게 저하된다. 건망증의 가장 흔한 사례, 즉 기억 어딘가로 수수께끼처럼 사라져서 생각나지 않는 수많은 단어에 대해 이야기해보자. '어, 저 사람 이름 뭐더라?' 정상적으로 나이 들어가면서 발생할 수 있는 기억저하의 가장 두드러진 양상은, 알고 있는데 혀끝에 맴도는 단어를 단서 없이 떠올리기가 힘들어진다는 것이다. 알고는 있으나 말문이 막히는 설단현상은 대개 40세 전후부터 늘어난다. 기억을 촉발할 단서가 빈약하거나 아예 없는 상태라고 해보자. 게다가 사진 속의 얼굴을 알아보거나 몇 가지 선택지 가운데 하나를 고르는 것도 아니고, 뇌 어딘가에 저장되어 있다는 사실만 알고 좀처럼 떠오르지 않는 정보를 온전히 뇌의 힘으로 떠올려야 한다면, 나이 든 사람일수록 해결이 쉽지 않을 것이다.

단서 없이 기억을 떠올리는 자유회상능력은 나이와 함께 추락하는 것처럼 느껴질 수 있지만, 재인기억recognition(전에 만났던 사람, 사건, 대상, 학습한 자료를 알아보거나 친숙하게 느끼는 것—옮긴이)과 친숙기억familiarity(상황, 사건, 장소, 사람 등을 알아본다고 주관적으로 느끼고 따라서 기억에 저장된 정보라고 믿는 것—옮긴이)은 고맙게도 나이의 영향을 크게 받지 않는다. 나는 〈소프라노스〉에서 연기한 배우의 이름을 기억하지 못하지만, 누군가 배우의 이름을 보여주면 그것이 그의 이름이라는 것을 알아볼 수 있고, 앞으로 수십 년 후에도 마찬가지일 것이다. 재인능력이 손상되지 않았다는 것은 이 의미정보가 뇌에 안전하게 저장되어 있고 나이를 먹어서도 사라지지 않았다는 것을 보여준다. 막혀서 떠오르지 않는 단어지만 머리 어딘가에 남아 있는 것이다. 하지만 해를 거듭할수록 원하는 순간에 적절한 정보를 끌어내는 것이 점점 어려워지는 것은 사실이다.

일화기억의 회상능력도 보통 나이가 들수록 감소한다. 나이가 들면 과거에 있었던 일들을 많이 잊어버리지만, 일단 회상할 수 있는 기억의 정확도는 젊은 사람들과 다를 바 없다. 9장 「기억해야 한다는 걸 기억하는 법」에서 미래기억을 이야기하면서 언급했듯이, 앞으로 하려는 일을 잊지 않고 기억하는 데에는 모든 사람이 다 취약하고, 50이 넘으면 그나마 변변찮던 이 능력이 더 나빠진다. 나이와 상관없이 나중에 기억해야 할 일을 미리 적어놓는 것은 약하다는 증거나 부끄러워할 일이 아니라 우리가 얼마나 현명한 사람인지를 보여주는 습관이다.

나이가 들어가면서 작업기억 또한 청각(음운루프)적으로나 시각(시공간메모장)적으로 모두 눈에 띄게 저하되는 경험을 한다. 그래서 전화번호나 와이파이 비밀번호를 소리 내어 들려주었을 때,

마흔 살일 때보다 예순 살일 때 한 번에 받아 적기가 더 힘들어진다. 나이가 들수록 지금 이 순간의 정보는 더 빠르게 증발되어 사라진다.

처리 속도는 보통 삼십 대부터 떨어지기 시작하는데 이는 새로운 정보를 습득하는 데에도, 저장된 정보를 인출하는 데에도 더 많은 시간이 걸린다는 의미다. 주의력을 유지하는 능력도 나이와 함께 줄어든다. 쉰 살 때는 집중을 떨어뜨리는 자극을 차단하는 능력이 서른 살 때보다 약해진다. 새로운 기억을 생성하기 위해서는 주의력이 필요하므로 이것도 결국 기억력에 영향을 미친다.

기억인출능력도 나이가 들면 타격을 받는다. 할머니는 알츠하이머병 증상이 나타나기 수십 년 전부터 나를 앤, 로렐 또는 메리라고 불렀다. 할머니는 딸이 다섯에 며느리가 넷이었고, 손녀들은 더 많았다. 나이가 들어가면서 할머니는 내 이름을 떠올리려고 할 때마다, 내 이름과 연관이 있지만 경쟁관계에 있고 주의력을 분산시키는 다른 이름들을 차단하는 데 어려움을 겪었다.

또 나이가 들면 한꺼번에 두 가지 이상에 집중하는 것이 점점 어려워진다. 두 가지 일이 한꺼번에 발생할 때 두 가지 모두 기억할 가능성은 매우 낮고, 대개는 한 가지도 제대로 기억 못 한다. 게다가 과거에 서로 무관하던 정보 간에 새롭게 생겨난 연관성도 나이를 먹으면 점점 기억하기 힘들다. 따라서 원숭이 하면 바나나라는 것은 나이 든 사람들도 젊은 사람들만큼 쉽게 떠올리지만, 원숭이와 비행기의 연관성을 새로 기억할 가능성은 적다.

나이가 들면 기억에 장밋빛 필터를 씌우기 시작한다. 좋은 일만 떠올리고 나쁜 일은 잊는 경우가 늘어난다. 예를 들어 서로 다른 연령대의 성인들을 대상으로 긍정적, 중립적, 부정적 감정을 나타내는 그림을 여러 장 보여주고 일정 시간 후에 이미지를 떠올려보라고 하면, 예상대로 노년층은 청년층보다 대체로 적은 수의 이미지만을 기억했다. 젊은이들은 감정과 무관한 중립적 그림들보다 감정이 드러난 사진들을 더 잘 기억했고, 긍정적·부정적 감정의 사진들은 거의 동일하게 기억했다. 하지만 노인들은 긍정적인 이미지를 부정적인 이미지보다 두 배 더 많이 기억했고, 부정적인 사진과 중립적인 사진들은 비슷하게 기억했다. 또 처음에 기억하지 못한 부정적인 감정의 이미지들을 다시 보여주자 쉽게 알아보았다. 즉 부정적인 감정의 사진들도 기억에 저장되긴 했지만, 본 것을 떠올려보라는 요청을 받았을 때 이런 이미지들을 의식적으로 꺼내오지는 못했다.

● ● ●

피할 수 없는 시간의 무게

자연스러운 현상이라고는 하지만 그래도 노화에 의한 기억저하를 막을 수 있는 방법이 어딘가에 있지 않을까? 기억의 형성·인출능력과 처리 속도의 저하는 피할 수 없을까? 이렇게 말하면 싫어하겠지만, 피할 수 없다. 게다가 매일 도넛으로 끼니를 때우고, 누군가를 피해 달아날 때가 아니면 운동이라고는 전혀 하지 않으며, 넷플릭스 최신 드라마를 정주행하다가 새벽 3시에나 잠드는 일이 잦고, 만성적으로 스트레스에 시달린다면 가장 확실한 방법으로 기억의 노화를 앞당기고 있는 셈이다. 반대로 지중해식 식단 또는 마인드^{MIND} 식단(지중해식 식단과 고혈압 예방 식단을 병행한 방식으로, 이 책 말미에서 다시 이야기 하겠다)을 실천하고, 정기적으로 운동하고, 매일 명상하고, 매일 여덟 시간씩 수면을 취한다면 가까운 시일 내에 틀림없이 기억이 나아질 것이다. 또 기억 나이를 오랫동안 젊게 유지할 수도 있을 것이다. 이렇게 건강한 생활습관을 기르면 치매 예방이라는 잠재적 효과도 기대할 수 있다. 하지만 아무리 훌륭한 생활습관도 낡고 구멍 난 배에 물이 차는 것을 영원히 막을 수는 없다.

피부노화를 생각해보자. 매일 자외선차단제를 바르지 않고 강렬한 햇빛에 노출된 피부는 모자를 쓰고 자외선차단제를 바르고 외출을 되도록 하지 않는 사람의 피부보다 빨리 늙는다. 하지만 아무리 철저히 예방해도 오래 살다 보면 결국 피부도 기억과 마찬가지로 노화를 겪는다. 같은 나이라도 사람마다 주름이 조금 더 생기고 덜 생기듯이, 기억이 겪는 노화의 영향도 다르다. 같은 일흔 살이라도 어떤 사람의 기억은 더 정확하고, 자극에 빨리 반응한다. 하지만 대체로 일흔 살의 기억은 서른 살 때보다 느리고 힘이 없을 가능성이 크다.

"사용하지 않으면 못쓰게 된다"라는 말이 뇌의 노화에도 적용될까? 활발한 정신 활동이 노후의 기억력 유지에 도움이 될까? 활발한 인지 활동이 알츠하이머병에 강한 뇌를 만드는 데 유용한 도구일 수는 있지만 노화에 따른 기억의 자연스러운 변화를 예방하거나 늦춘다는 것을 입증할 확실한 데이터는 없다.

뛰어난 체스 선수, 교수, 비행사, 의사 등을 대상으로 한 연구들 모두 계속 뇌를 '사용하는' 사람들조차 기억을 인출하는 기능을 비롯한 전반적인 기억의 기능이 나이와 함께 저하된다는 결과를 보여주었다. 각자의 전문 분야에 대한 기억이라고 해도 결과는 다르지 않았다. 건축가와 일반인 모두 10년 단위로 종이접기의 정확도가 4퍼센트씩 떨어졌다. 직업상 공간기억능력을 정기적으로 사용하는 건축가였지만 결과는 같았다.

많은 사람이 기억능력을 유지하고 싶은 마음에 소위 두뇌 게임이라는 것을 하지만 이런 종류의 게임을 아무리 잘하고 여기에 아무리 많은 시간을 쏟는다고 해도 정신기능의 건강이 보장되는 것은 아니다. 게임과 관련된 특정 인지 활동에서는 더 나은 결과를 얻을지 몰라도 여전히 토니 소프라노를 연기한 배우의 이름을 대라고 하면 말문이 막힐 것이다. 기억력 향상 게임이 정상적인 기억의 노화 과정에서 나타나는 오류를 예방해주지는 않는다. 낱말퍼즐에 많은 시간을 투자하는 사람이나 퍼즐을 하지 않는 사람이나 나이 들면 똑같이 기억력이 감소한다는 뜻이다.

하지만 긍정적인 소식도 있다. 인간이라면 누구나 나이 들고 늙는 것을 피할 수 없으며, 기억의 많은 기능이 노화와 함께 자연스럽게 둔화하는 것은 사실이지만 기억력이 감소한다고 해서 우리가 경험하는 전반적인 삶의 질까지 반드시 떨어지지는 않는다는 점이다. 이 책에서 얻은 전략과 통찰을 활용해 주의를 집중하고, 주의를 떨어뜨리는 요소를 줄이고, 되새기고, 자가 테스트를 하고, 의미를 창출하고, 시각과 공간적 이미지를 활용하고, 일기를 쓴다면 나이와 상관없이 기억력을 향상시킬 수 있다. 이런 전략들을 서른 살에 적용하는 편이 일흔 살에 적용하는 것보다 기억 향상에 더 강력한 효과를 발휘할지는 모르지만, 일흔 살에게도 여전히 효과는 있다. 하라구치 아키라가 스물아홉 살이었더라면 파이를 20만 자리까지 외웠을지도 모르지만, 예순아홉 살 먹은 뇌가 반복, 집중, 시각 이미지화, 스토리텔링을 통해 불러올 수 있었던 기억 역시 놀라운 성과다. 이런 도구들은 나이 제한 없이 누구에게나 제공된다. 그냥 적극적으로 쓰기만 하면 된다.

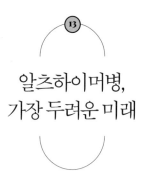

알츠하이머병,
가장 두려운 미래

알츠하이머병은 새로운 기억의 생성을 방해하는 정도로 시작하지만,

결국에는 가장 오래된 기억이 보관된 신경연결망마저

어쩌면 가장 비극적인 방식으로 망가뜨린다.

이 단계까지 간 내 할머니는 더 이상 나를 알아보지 못했다.

"2주 전에 나는 34년간 함께 산 내 아내의 곁에서 눈을 떴고, 그녀가 누구인지 깨닫는 데 10분이 걸렸습니다. 나와 관련된 사람이라는 것은 알았지만, 어떻게 관련된 사람인지 정보를 연결시킬 수가 없었습니다." 이것은 내 친구 그렉 오브라이언이 들려준 이야기다. 그렉의 이야기는 수많은 중증 기억장애 가운데 한 가지 사례에 불과하다. 명망 있는 언론인이었던 그렉은 몇 년 전 자신을 소개하는 이메일을 내게 보내왔다. 감동과 경탄을 모두 겨냥한 메시지 같았다. 내가 막 그런 생각을 하고 있을 때 다음 문장이 눈에 들어왔다.

문장이 온전하다고 너무 감탄하실 것 없습니다. 이걸 쓰는 데 두 시간이 걸렸으니까요. 몇 년 전이었다면 5분 만에도 쓸 수 있었을 겁니다. 하지만 긴 시간이 아깝지는 않습니다.

메일을 보내기 2년 전에 그렉은 쉰아홉이라는 나이에 조기발현치매 진단을 받았다. 사람들은 종종 노화에 따른 건망증과 알츠하이머병으로 인한 기억장애가 어떻게 다른지 묻는다. 확실한 차이가 있다.

그렉의 첫 이메일을 시작으로 나는 인생 최고의 친구를 얻었다. 수년에 걸쳐 알츠하이머병이 그의 기억을 훔쳐가는 와중에도 우리는 여러 가지 이야기를 나누었다. 좋은 일, 나쁜 일, 험한 일, 두려운 일. 그는 한겨울인데 물에 흠뻑 젖은 옷을 입고 나를 만나러 카페에 온 적도 있다. 나는 그를 안아주다가, 손에 닿는 젖은 셔츠의 한기를 느끼고 물었다. "왜 이렇게 젖었어요?" 건조기에서 옷을 꺼냈는데 덜 말라 있었다고 했다. 건조기 작동법도 기억나지 않았고, 옷장에서 마른 옷을 꺼내 입으면 된다는 새로운 계획으로 사고를 전환할 수도 없었던 그렉은 그냥 젖은 옷을 입고 나왔다.

또 한 번은 함께 사인회에 참석했는데 그가 내 쪽으로 몸을 기울이며 귓속말을 했다. "알파벳 Q를 어떻게 쓰는지 기억이 안 나요." 나는 쪽지에 Q를 적어 수업 시간에 몰래 장난치는 아이처럼 테이블 밑으로 건넸다.

병이 많이 진행되기 전, 그렉이 아직 운전을 하던 시기의 일이다. 내가 걱정하는 마음에 운전을 그만두라고 잔소리를 하던 무렵, 갑자기 길 한가운데 나타난 사슴을 피하려고 급히 방향을 틀던 그렉의 차가 뒤집혔다. 차와 함께 몸도 곤두박질치고 금방이라도 목숨이 위태로운 상황에서 그렉의 머리에 떠오른 생각은 '리사 제노바가 알면 날 가만두지 않을 거야'였다고 한다.

●●●

알츠하이머병 환자의 뇌에서 벌어지는 일

그렉의 뇌에서 무슨 일이 벌어지고 있는 것일까. (기억·언어·인지장애를 포괄하는 치매라는 용어로 자주 지칭되는) 알츠하이머병에 의한 기억장애는 처리 속도가 느려지거나 집중력이 떨어져서 발생하는 것이 아니다. 알츠하이머병 초기에 나타나는 증상들은 기억강화와 인출에 관여하는 신경 시냅스들 내에 분자 수준의 교란이 발생하고 해당 시냅스 부위가 불통이 되면서 발생한다. 병이 좀 더 진행된 후에는 신경세포가 아예 죽거나 사라지면서 기억을 잃는다.

알츠하이머병의 원인을 분자 영역에서 찾으려는 시도는 아직 논의 단계이긴 하지만, 대다수 신경과학자들은 알츠하이머병이 베타 아밀로이드^{Aβ, Amyloid beta}라는 단백질이 시냅스에 찌꺼기를 형성하면서 시작된다고 믿는다.

아주 초기 단계의 환자에게는 자각 증상이 없다. 그렉도 수년 전 이 단계일 때는 어떠한 특이 증상도 경험하지 않았다. 겉보기에 무해한 아밀로이드 찌꺼기가 15년에서 20년에 걸쳐 쌓여가다가 어느 날 한계에 도달하면 분자구조가 무너지고 얽히면서 신경에 염증이 생기고 세포가 죽고 기억이 비정상적으로 소실된다.

아밀로이드 찌꺼기를 불이 붙은 성냥이라고 해보자. 불이 붙은 성냥만으로는 문제가 되지 않지만 어느 순간 불이 숲으로 번지고 만다. 뇌에는 지금 알츠하이머병이라는 불이 번지고 있다. 그 결과 환자는 심각하고 비정상적인 기억의 손실을 경험한다.

그나마 다행인 것은 알츠하이머병이 진행되는 데에 정말 오랜 시간이 걸린다는 점이다. 하지만 나쁜 소식은 40세를 넘은 뇌라면 지금이라도 아밀로이드 찌꺼기가 쌓여가고 있을 가능성이 크다는 점이다. 퇴적물이 한계에 도달하기 전에 다음과 같은 형태의 기억소실 증상이 나타날 수 있다.

이 방에 뭐 하러 들어왔더라?
저 사람 이름이 뭐더라?
열쇠 어디에 뒀더라?

정말 안타깝지만, 100퍼센트 정상인도 겪는 증상이다. 그러나 한계를 넘어서면 기억오류는 일반적인 건망증과는 완전히 달라진다. 이미 한계점을 한참 지난 그렉은 바로 몇 분 전에 일어난 일, 자신이나 다른 사람이 한 말, 어제 있었던 일 등을 잊는 일이 잦다.

"아침에 눈을 떴는데 뭘 했는지 기억이 안 났어요." 그가 말한다. "늘 이래요. 아니면 이런 경우가 있어요. 커피숍에서 글을 쓰고 있는데 아는 사람이 다가와서 인사를 해요. 우리는 잠시 이야기를 나눠요. 그리고 한 시간쯤 후에 그 사람이 다시 다가오면 나는 '아, 오랜만이에요. 잘 지내죠?' 하고 인사를 하죠. 그러면 그 사람이 '한 시간 전에도 나랑 얘기했잖아요' 하고 말해요. 그런데 나는 얘기를 나눈 기억도, 심지어 그 사람을 본 기억도 없어요."

알츠하이머병은 해마에서 시작된다. 이제는 해마가 우리 뇌에서 의식적으로 저장되는 기억을 새로이 형성하는 데 필수적인 부위라는 점을 알 것이다. 따라서 알츠하이머병 환자의 전형적인 첫 증상은 오늘 있었던 일 또는 몇 분 전에 있었던 일을 잊는 것이다. 그래서 알츠하이머병 환자들은 같은 이야기나 같은 질문을 계속 되풀이한다. 이렇게 빠른 시간 내에 기억을 잃는 것은 정상인이 겪는 건망증과는 다르다. 이미 생성된 오래된 기억들은 당분간 유지되겠지만, 정상적인 경우라면 해마에 의해 장기기억으로 저장되었다가 필요할 때 인출되어야 할 새로운 정보들이 유실된다. 알츠하이머병 환자들은 한 시간 전에 점심으로 무엇을 먹었는지는 (심지어 점심을 먹었다는 사실조차) 기억 못 하면서 60년 전 등굣길에서 있었던 일은 매우 상세하게 기억하기도 한다.

하지만 정상적인 사람이라도 누구나 방금 배우자가 한 말을 잊어버리고, 대화 도중 이야기의 흐름을 놓치고, 5분 전에 오븐을 껐는지 안 껐는지 기억이 안 나는 경험을 한다. 이런 일반적인 건망증과 알츠하이머병 증상은 어떻게 다를까? 알츠하이머병 환자가 아니라면, 배우자의 말에 관심을 기울이기만 했어도 잊어버리지 않는다(내 말을 믿고 한번 해보시길). 그러나 그렉의 경우는 내 말을 귀 기울여 열심히 듣는다고 해도 달라지는 것이 없다. 알츠하이머병 환자에게는 새로운 기억을 만드는 일이 어렵고 시간이 지날수록 더 어려워지기만 한다. 기억을 만들어야 할 해마가 점점 줄어들기 때문이다.

필요한 순간에 적절한 단어를 떠올리지 못하는 것도 알츠하이머병의 초기 증상이다. 하지만 "어, 저 사람 이름 뭐더라" 하고 깜빡깜빡하는 것은 정상적이고 나이와 함께 빈도도 늘어난다고 이미 이야기했다. 그러면 혹시 토니 소프라노를 연기한 배우의 이름이 갑자기 생각나지 않을 때, 일반적인 설단현상인지 알츠하이머병인지 어떻게 알 수 있을까?

스물다섯 살 때는 설단현상으로 기억이 인출되지 않는 증상을 일주일에 여러 차례 경험하고 나이가 들어도 빈도가 조금 늘어나는 정도지만, 예순아홉의 그렉은 하루에 수십 번씩 같은 상황을 경험한다. 기억을 떠올릴 단서는 없다. 첫 글자가 떠올라 나머지 기억을 이끌어내주는 일 같은 것도 없다. 대개 고유명사가 떠오르지 않는 설단현상과 달리, 그렉의 증상은 고유명사건 보통명사건 차이가 없다.

주변에 이 단계의 알츠하이머병 환자가 있으면 스무고개를 하는 것 같은 답답함을 느낄 것이다.

> 그거 챙겼어?
>
> 뭐?
>
> 그거. 이 닦을 때 쓰는 거.
>
> 칫솔?
>
> 그래 그거!

또 알츠하이머병 환자들은 사용하는 어휘가 점점 단순해진다. 여행가방이나 캐리어 대신 가방. 서류 대신 종이나 그거.

이런 식으로 단어가 막히는 증상은 단순히 답답한 경험, 한두 번 그럴 수도 있다며 넘어갈 수 있는 불편한 상황이 아니다. 삶에 지장을 주는 심각한 기억손실이다. 이것이 치매. 예를 들어 그렉이 오랜 세월 알고 지내던 지인을 예상치 못한 상황에서 만난다고 하자. 지금의 진행 상태라면 그 사람의 이름을 기억 못 할 확률이 70퍼센트다. 아무것도 떠오르지 않는다.

> 상대방에게 내 기억력에 문제가 있다고 말해요. 그러면 대개 "괜찮아요, 그렉"이라고 말하고는 자신의 이름을 말해주고 또 대개는 안아주죠. 아마 이것이 치매 친화적 태도의 시작이겠죠. 나는 그들의 포옹이 나에 대한 동정이라기보다는 자신들도 언젠가 같은

길을 가게 될 수 있다는 깨달음이라고 생각해요.

알츠하이머병을 앓기 전에 그렉은 이름이나 단어가 갑자기 생각나지 않을 때 대부분의 사람들처럼 혼자 생각해내려고 애썼다. 알파벳을 순서대로 대입해보기도 했다. 원하는 단어를 기억해내려고, 하다못해 찾는 단어와 연관된 신경회로에서 힌트라도 얻을 수 있을까 하고 신경회로 속을 힘들게 헤맸다. '잠깐. 여기 답이 있는 걸 알아. 딱 맞는 신경세포를 골라 활성화시킬 수만 있으면 되는데.' 알츠하이머병을 앓게 되면서 그렉은 이제 단어가 저절로 떠오르지 않는다는 것을 알고 있다. 단어는 지금 질병의 혼탁한 늪에 빠져 허우적대고 있기 때문이다.

그래서 그는 이제 뇌를 쓰는 대신 구글을 검색한다.

나는 노트북컴퓨터를 늘 곁에 둬요. 마치 구글과 스무고개 게임을 하는 것 같아요. 이름, 사건, 장소에 대한 대략적인 정보를 입력해요. 만약 브로드웨이라는 단어가 생각나지 않을 때는 "뉴욕, 즐거운 장소"라고 입력하고, 검색 결과를 살펴봅니다. 원하는 답을 얻지 못하면, "뉴욕, 새해 전날, 볼드롭balldrop(뉴욕 타임스스퀘어에 있는 고층 건물 원타임스퀘어 위에 있는 타임스스퀘어볼이라는 조형물을 새해 전야 11시 59분부터 1분간 천천히 하강시키는 행사—옮긴이)"이라고 검색어를 추가해요. "타임스스퀘어"라는 결과가 나오죠. 그러면 "뉴욕 타임스스퀘어" 또는 "뉴욕 최고의 연극"이라고 다시 검색해요.

물론 가끔은 엉뚱한 길로 빠져 원하는 답을 얻지 못할 때도 있어요. 길을 잃거나 주의가 분산되면 뒤로 가기 버튼을 계속 눌러서 이제까지의 검색 경로를 되짚어봐요. 어떤 때는 그러다가 답을 찾기도 해요. 또 어떤 때는 그대로 답을 모른 채 끝나기도 하죠.

불행히도 알츠하이머병은 해마에서 멈추지 않는다. 자동차를 타고 누비며 희생자를 물색하는 살인마처럼 뇌의 다른 부위에 침입한다. 병이 공간정보를 처리하는 두정엽으로 퍼지면 환자들은 늘 가던 장소에서 길을 잃는다. 『스틸 앨리스』에는 공간기억을 인출하지 못하게 된 앨리스가 25년간 살았던 하버드 스퀘어에서 느닷없이 길을 잃는 장면이 나온다(영화에서는 하버드 스퀘어를 뉴욕으로 바꿔서 앨리스가 컬럼비아대학교 캠퍼스에서 길을 잃는다).

알츠하이머병은 또 전전두엽과 전두엽의 신경회로를 손상시킨다. 뇌에서 가장 나중에 발달한 부위들이다. 이 부위들이 손상된 환자는 논리적 사고, 의사결정, 계획 수립, 문제해결능력 등에 장애를 겪는다. 그렉이 계획을 바꾸도록 생각을 전환하지 못해 결국 마른 옷 대신 젖은 옷을 입고 나왔을 때 알츠하이머병은 그의 전두엽에 영향을 미치고 있었다.

또 주의를 집중하는 능력이 손상되면서 기억에 이상이 생기기 시작한다. 알츠하이머병 환자들은 열쇠, 지갑, 전화기, 안경, 노트북컴퓨터, 돈을 아무 데나 놓아두기 시작한다. 오늘날 어수선한 환경에서 살아가는 우리는 물건을 놓아둔 장소를 늘 잊어버린다. 어떤 경우가 정상적인 경우이고 어떤 경우가 알츠하이머 초기 증상일까? 열쇠를 현관 근처 탁자 위나 코트 호주머니에서 찾았다면 대개 그냥 건망증이다. 짜증은 나겠지만 걱정할 일은 아니다. 열쇠를 거기에 두면서 딴생각을 하고 있었을 것이다. 아밀로이드 찌꺼기가 아직 한계치까지 쌓이지 않았다.

하지만 열쇠를 냉장고 안에서 발견했다면 염려된다. 열쇠를 발견하고서도 잠시 동안 '무엇에 쓰는 물건이지?'라는 의문이 든다면 이것은 노화에 따른 자연스러운 현상이 아니다. 열쇠가 어떤 용도로 쓰는 물건인지 잊어버리는 것은 의미기억 장애이고 이것은 기억체계 내의 병증일 수 있다.

● ● ●

건망증과의 차이

앞에서 내가 주차해둔 차를 찾지 못했던 사례를 들려주었다. 당시 나는 서두르느라 차를 어디에 주차했는지 생각할 틈도 없이 차를 버리다시피 세워두고 강연장으로 달려갔다. 그로부터 두 시간이 채 지나지 않아 주차장으로 돌아갔고 차를 세워둔 위치가 기억나지 않았다. 나는 주차장 건물 위아래를 훑었지만 차를 찾지 못했다. 차를 도둑맞았다는 결론에 도달한 순간, 내 눈앞에 차가 서 있었다. 하지만 차를 잃어버린 가장 큰 원인은 기억인출 장애가 아니라 부주의였다. 나는 사실 아무것도 잊어버리지 않았다. 주차한 위치라는 정보에 주의를 기울이지 않았기 때문에 애초에 기억이 생성조차 되지 않았다.

그렉의 경험과 비교해보자. 아직 운전을 하던 시기의 그렉은 노란 지프를 몰고 쓰레기장에 갔다. 차에서 내려 쓰레기를 버린 그렉은 집에 어떻게 가야 할지 몰라 그 자리에 우뚝 서고 말았다. 잠시 동안 그는 자신이 거기까지 차를 몰고 갔다는 사실을 잊었다. 노란 지프가 바로 눈앞에 서 있었지만 기억을 불러내줄 가장 확실한 단서인 지프가 일화기억(방금 여기까지 차를 몰고 왔다)도 의미기억(눈앞의 노란 지프는 내 차다)도 활성화해주지 못했다.

그는 최선의 해결책을 찾기 시작했고 자신에게 가능한 방법을 생각해보았다. "아들에게 전화를 하는 방법. 집으로 걸어가는 방법. 주변 누군가에게 집까지 데려다 달라고 하는 방법이 있었어요. 나는 도와줄 사람을 찾아 주위를 둘러보았지만 거기까지 내가 차를 몰고 갔다는 것은 기억나지 않았어요. 내 눈앞에 내 노란 지프가 서 있다는 사실도 깨닫지 못했어요."

그러다가 갑자기 어떤 경위인지 알 수 없지만 단서가 병으로 막히지 않은 신경경로를 찾아내 필요한 기억이 활성화되도록 스위치를 켰다. "'잠깐, 이거 내 차잖아. 여기까지 차를 몰고 왔었지. 그러니까 집까지 다시 차를 몰고 가면 돼.' 뇌에 불이 잠깐 나갔지만, 다음 순간 고맙게도 다시 불이 들어왔어요." 그것도 잠깐 동안뿐이겠지만.

알츠하이머병은 또 뇌에서 기분과 감정을 제어하는 영역인 편도체와 변연계를 오염시킨다. 그러면 슬픔, 분노, 욕망 등을 조절·억제하지 못하게 된다. 늘 조용하던 아버지가 무섭게 화를 내는 일이 잦아질지 모른다. 그렉도 자주 분노가 치솟는 경험을 한다. 내 할머니는 슈퍼마켓에서 잘생긴 남자만 보면 손을 댔다.

알츠하이머병은 또 근육기억이 저장된 회로에도 침범한다. 이 경우 환자들은 전에 할 줄 알던 것들을 못 하게 된다. 그렉은 알파벳 Q를 쓰는 법을 잊어버렸다. 내 할머니는 수표장 관리하는 법, 브리지게임 하는 법, 요리하는 법을 잊었다. 환자들은 결국 옷 입는 법, 화장실 사용하는 법, 아이스크림콘 먹는 법, 음식 삼키는 법도 잊어버린다.

알츠하이머병은 새로운 기억의 생성을 방해하는 정도로 시작되지만, 결국에는 이미 만들어진 가장 오래된 기억이 보관된 신경연결망을 어쩌면 가장 비극적인 방식으로 망가뜨린다. 이 단계까지 간 내 할머니는 더 이상 나를 알아보지 못했다. 나는 그렉이 나를 기억하지 못하는 날이 올까 봐 두렵다. 치료제가 없기 때문에 언젠가 그런 슬픈 날이 오고야 말 것이다.

알츠하이머병이 처음 기억을 잃는 증상에서부터 마지막 단계까지 진행되는 데는 평균 8년에서 10년이 걸린다. 결국 모든 종류의 기억을 생성·인출하는 기능이 심각하게 손상된다. 알츠하이머병으로 인한 기억소실은 광범위하고, 치명적이고, 비극적이며, 결코 자연스러운 노화의 과정이 아니다.

Part 3

기억의 숲을 가꾸는 법

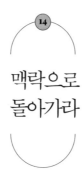

맥락으로
돌아가라

왜 그 방에 들어갔는지 도저히 생각나지 않아서

그 자리에 멍하니 서 있게 되더라도 당황할 필요는 없다.

이 멍한 상태는 일생일대의 위기도

알츠하이머병을 의심해야 하는 상황도 아니다.

다시 뇌를 움직이면 해결되는 일이다.

뭔가를 기억하느냐 마느냐는 여러 가지 요소들로부터 영향을 받는다. 기억의 생성을 위해서는 관심과 주의가 필요하다는 것은 이미 충분히 알았을 것이다. 지금 몇 살이건, 기억력 향상을 위해 가장 먼저 할 수 있는 일은 주의집중이다. 주의결핍은 기억을 약화시킨다. 예외는 없다. 되뇌기, 자가 테스트, 시각과 공간 이미지, 기억술 등을 활용하거나 정보에 의외성, 감정, 의미를 부여할 때 기억은 향상된다. 이밖에 기억을 생성하거나 불러오는 데 도움 혹은 방해가 되는 요소는 어떤 것이 있을까. 종종 우리의 기억력은 맥락에 의존한다.

●●●

내가 뭘 하려고 여기에 왔더라?

나는 이제 안경이 없으면 음식점 메뉴도, 옷에 달린 라벨도, 약병에 붙은 성분표도, 책도 읽을 수 없다. 며칠 전, 매일 밤 읽는 책의 다음 내용이 어떻게 될까 잔뜩 기대에 부풀어 잠자리에 들었는데 안경이 없다는 사실을 깨달았다. '아, 부엌에 두고 왔나 보다.'

나는 침대에서 기어 나와 계단을 내려간 다음 부엌으로 들어가서 불을 켰다. 그리고 그 자리에 멍하니 서서 부엌을 둘러보았다. 내가 부엌에 왜 왔는지 기억나지 않았다.

내 뇌는 탐정놀이를 시작했다. 침대에서 일어나 방에서 부엌으로 뭔가를 찾으러 왔다는 것까지는 알겠다. 그런데 그게 뭐였지? 나는 부엌을 훑어보았다. 냉장고, 토스터, 볼에 든 바나나, 높은 의자 등받이에 걸쳐둔 내 재킷. 아무것도 떠오르지 않았다. 뭘 먹으러 왔나? 아닌데. 물 마시러? 아니야. 기억이 나지 않았다.

나는 포기하고 다시 침실로 돌아갔고 그제야 생각이 났다! 안경! 다시 부엌으로 내려왔다. 운동 한번 잘했다고 치면 되지.

방에 들어온 이유가 생각나지 않는다는 것은 기억력이 나빠졌다는 사람들로부터 내가 자주 듣는 하소연 중 하나다. 이름이 생각나지 않고, 열쇠와 전화기를 둔 곳이 기억나지 않는다는 불평에 이어 가장 흔한 경우다. 다들 방에 들어갔다가 멍해진 머리를 긁으며 고개를 갸웃거린 경험이 있을 것이다. '내가 왜 여기 있지?'

왜 이런 일이 생길까? 내 경우, '부엌에 가서 안경 가져와야지'라고 생각한 지 말 그대로 단 몇 초 만에 내 몸은 부엌에 도착했다. 어떻게 이 생각, 이 기억이 그 짧은 시간 안에 내 머리에서 사라질 수 있을까? 하려고 했던 일에 대한 기억은 왜 부엌에서는 떠오르지 않다가 잠시 후 다시 침실에 가서야 떠올랐을까? 왜 부엌에서는 아무리 애써도 성과가 없었는데 침실에 가서는 별다른 노력도 없이 원하던 기억이 바로 떠올랐을까?

그 답은 맥락이다. 기억을 떠올릴 때의 맥락이 기억이 생성될 때의 주변 맥락과 일치할 때 우리는 기억을 훨씬 더 쉽고 빠르게 완전한 형태로 불러낼 수 있다. 이런 현상은 (앞으로 하려는 일에 대한) 미래기억, (이미 일어난 일에 대한) 일화기억, (지식정보에 대한) 의미기억, (동작을 취하는 방법에 대한) 근육기억 모두에서 나타난다.

방금 소개한 사례에서 내가 원하는 것에 대한 기억, 즉 부엌에 가서 안경을 가져오기로 한 기억은 침실에서 부호화되었고, 당시 내 주변에는 침대, 침대 옆의 탁자에 놓인 책과 책장 안의 책들과 같은 여러 가지 단서로 이루어진 구체적인 맥락이 있었다. 그런데 부엌에 도달했을 때, 그곳에는 내가 원하는 것이 무엇인지 일깨워줄 단서가 아무것도 없었다. 냉장고, 토스터, 볼에 담긴 바나나, 재킷이 있었지만, 그중 어떤 것도 내게 필요한 기억을 촉발할 단서가 아니었다(안경은 중요한 단서지만 나는 안경을 보지 못했다). 더구나 이들 물건들은 안경을 찾아야 하는 내 주의를 교란시켜 아침식사, 계절에 안 맞게 쌀쌀한 날씨 등 안경과는 무관한 신경경로로 나를 이끌었다. 부엌의 맥락이 내가 왜 부엌에 왔는지 떠올리지 못하도록 나의 기억에 오히려 방해가 된 것이다. 침실에 돌아가자마자 나는 처음의 의도가 만들어질 때와 동일한 단서들 사이에 다시 놓이게 되었고, 따라서 특별히 애쓰지 않아도 바로 기억을 인출할 수 있었다.

학습과 회상이 같은 조건하에서 이루어질 때 우리는 학습한 것을 더 정확하게 기억할 수 있다. 맥락 의존적 혹은 상태 의존적 기억에 관해 내가 가장 좋아하는 연구사례는 스코틀랜드의 심해 잠수부들을 대상으로 해저와 지상에서 실시한 실험이다. 잠수부 절반은 서로 연관이 없는 단어들을 해저 6미터 깊이에서 암기했고, 나머지 절반은 같은 단어를 해변, 즉 지상에서 외웠다. 이후 모든 잠수부에게 외운 단어들을 생각나는 대로 적어보게 했는데 이때 해저 또는 지상으로 나누어 단어를 회상하게 했다. 즉 잠수부들을 다음과 같이 네 그룹으로 나눴다.

- 해저에서 학습, 해저에서 회상
- 해저에서 학습, 지상에서 회상
- 지상에서 학습, 지상에서 회상
- 지상에서 학습, 해저에서 회상

결과는 어땠을까? 잠수부들은 시험 환경이 학습 환경과 같을 때 단어를 훨씬 더 잘 기억했다. 해저에서 단어를 외운 잠수부들은 해변에서보다 해저에서 더 많은 단어를 기억했다. 마찬가지로 해변에서 단어를 외운 잠수부들은 해저에서보다 해변에서 더 많은 단어를 떠올렸다. 기억을 떠올릴 때의 맥락을 정보를 학습할 때의 조건과 일치시키면 기억을 회상하는 능력이 향상된다. 두 환경의 조건이 일치하지 않으면 회상에 방해를 받는다.

우리 대다수는 심해 잠수부가 아니므로 좀 더 현실적인 사례를 생각해보자. 어릴 때 다니던 초등학교, 그 시절에 살던 집이나 동네에 갔다가 갑자기 그 시절의 생생한 기억이 아주 작은 부분까지 분명하게 마구 떠올랐던 경험이 있을 것이다. 가령 버몬트 주 농가에서 자랐지만 지금은 맨해튼 고층 건물 30층에서 근무하는 55세의 기업 임원이라고 해보자. 갑자기 열 살 때의 기억을 말해보라고 하면 별로 할 얘기가 없을 것이다. 맥락이 일치하지 않으므로 기억이 얼른 떠오르지 않는다. 하지만 당장 북쪽으로 차를 몰아 고향 땅을 밟으면 아마 할 얘기가 아주 많아질 것이다. 말뚝을 박아 세운 울타리, 수양버들, 표지판, 데일리 아주머니댁, 빨간 지붕을 얹은 축사 등 고향의 구체적인 맥락이 단서가 되어, 지난 30년, 40년, 혹은 50년간 잊고 있던 기억을 불러내는 데 도움을 줄 것이다. 이런 기억들은 맥락 의존적이다. 하지만 맥락은 어떤 기억을 생성하거나 회상할 때 우리가 있던 장소만을 의미하는 것은 아니다. 함께 있었던 사람, 하루 중의 시간대, 계절, 날씨 등도 맥락에 포함될 수 있다. 또 맥락이 반드시 외적 환경만을 의미하는 것도 아니다. 감정 혹은 생리학적 상태 같은 내면적 조건도 맥락이 될 수 있다.

지금의 기분과 일치하는 기억은 훨씬 불러내기가 쉽다. 기분이 좋을 때는 좋은 시절의 기억을 떠올리고 우울할 때는 비참했던 시기의 기억을 떠올리기(그래서 지금의 우울한 기분을 뒷받침하고 악화시키기) 쉽다. 배우자에게 화가 날 때면 상대에 대한 온갖 나쁜 기억이 다 떠오를지 모른다. 그런 기억은 언제든 떠올릴 수 있고 한번 펼치면 끝도 없다. 반면 누군가를 사랑할 때는 그 사람에 대해 뭐든 좋은 것만 떠오른다.

시험 공부를 하거나 발표 준비를 할 때 배고프고, 덥고, 피곤하고, 스트레스가 쌓이고, 목이 말랐는가? 처음 정보를 학습할 때와 같은 상태에 놓일 때 공부하고 준비한 정보가 더 잘 떠오른다. 마찬가지로, 카페인을 섭취한 상태에서 뭔가를 외웠다면 역시 카페인을 섭취한 상태에서 외운 것들이 최고로 잘 떠오른다.

왜 그럴까. 지금 보고 있는 숫자만 기억으로 강화되는 것이 아니기 때문이다. 숫자를 외우는 동안 경험하는 것은 모두 잠재적 기억으로 한데 묶인다. 외적·내적 맥락 모두 기억의 일부가 되고 그중 어떤 부분이건 활성화되면 나머지 부분들에 대한 기억도 촉발된다.

가령, 지금 단어를 외우고 있다고 하자. 단어를 외우면서 에미넴의 음악을 듣고, 라벤더 향초를 맡으며, 새콤한 구미베어젤리를 먹고 있다. 또 전날 밤에는 단어 공부를 제쳐두고 새벽 2시까지 TV 시리즈를 정주행했기 때문에 지금 몹시 피곤한 상태다. 좋은 성적을 받고 싶지만 모르는 단어가 아직 많아서 불안하고, 새콤한 젤리를 너무 먹어서 속이 메스꺼울지도 모른다. 단어 시험에서 A를 받을 가능성을 최고로 높이는 방법은 피곤하고, 불안하고, 속이 메스꺼운 상태에서 라벤더향의 바디로션을 바르고, 구미베어를 씹으며, 머릿속으로는 에미넴의 노래를 재생하면서 시험을 보는 것이다. 잘 자서 편안한 상태로, 케일 칩을 씹으며, 모차르트를 듣겠다는 생각은 안 하는 게 좋다.

언어도 맥락이 될 수 있다. 할머니가 열두 살에 이탈리아에서 미국으로 이민을 오셨다고 하자. 이후 할머니는 영어를 사용했다. 할머니에게 어린 시절 추억을 들려달라고 하면 할머니는 아마 이탈리아어로 (혹은 이탈리아어로 인출한 기억을 머릿속에서 통역한 다음) 옛이야기를 들려줄지 모른다.

혹시 다음번에 어떤 방에 들어갔는데 왜 그 방에 들어갔는지 도저히 생각나지 않아서 그 자리에 멍하니 서 있게 되더라도 당황할 필요는 없다. 이 멍한 상태는 일생일대의 위기도 알츠하이머병을 의심해야 하는 상황도 아니다. 그렇다고 그냥 그 자리에 서서 떠오르지 않는 답을 억지로 쥐어짜내려고 애쓸 필요도 없다. 그렇게 해서는 뇌를 움직일 수 없다. 그냥 그 방에 들어가기 전에 있던 곳, 이 방에 와서 ○○을 가져와야겠다고 처음 마음먹은 그곳으로 돌아가 보자. 정말로 돌아가도 좋고 마음속에 그려보기만 해도 좋다. 이전 맥락으로 돌아가면 고맙게도 거기에 답이 있을 것이다.

그리고 시험 공부를 하면서 모카 프라푸치노를 마셨다면, 시험 볼 때도 모카 프라푸치노를 마셔라. 언젠가 사인회에서 만나면 A를 받게 해줘서 감사하다는 인사 정도는 들을 수 있기를.

스트레스는
약일까 독일까

끊임없는 스트레스는 기억에 재앙이나 마찬가지다.

스트레스 반응 스위치가 늘 켜져 있다면,

우리 뇌와 몸은 늘 쫓기는 도망자처럼 항상 투쟁 도피 상태가 된다.

원시 상태의 감정적인 뇌 활동에 너무 많은 시간과 에너지를 소모하면

뇌는 사고를 멈추게 된다.

달라이 라마가 아니라면 다들 매일은 아니더라도 자주 심각한 스트레스에 시달릴 것이다. 바이러스성 전염병, 잊을 만하면 터지는 대형 총기 사건, 정치적 분열, 실업, 대학등록금, 천문학적인 의료비용, 업무 마감 시한, 교통체증, 육아, 이혼, 병든 부모, 고독, 불안한 결혼생활, 불안한 고용, 국가, 지구 등등. 미국인 중 대략 79퍼센트는 매일 때때로 혹은 자주 스트레스를 느낀다고 말한다.

  관리되지 않은 극심한 스트레스는 우리 몸과 뇌에 독이 된다는 것을 과학적으로 입증하는 증거는 수없이 많다. 만성적인 스트레스는 2형 당뇨, 심장병, 암, 감염병, 통증장애, 공황장애, 불면증,

우울증, 알츠하이머병 등 여러 가지 질병과 증상을 진행시키는 원인이다. 끊임없는 스트레스에 맞설 효과적인 도구가 없는 상황에서 너무 많은 사람이 중독에 빠지고 '절망사'로 희생된다. 스트레스 그 자체가 생명을 위협하지는 않지만, 지나치게 스트레스에 노출된 결과 생명을 앗아가는 수많은 다른 원인이 만들어진다.

그렇다면 스트레스는 기억에 어떤 작용을 할까? 기억에 좋을까, 나쁠까? 맥락이 기억에 미치는 영향과 마찬가지로 그때그때 다르다.

●●●

기억의 생성을 촉진하는
스트레스

우리가 위험, 위협, 도전이라고 인지하는 상황은 무엇이든 스트레스가 될 수 있다. 과거로, 지금으로부터 100만 년 전으로 돌아가 보면 대다수의 스트레스는 외부에서 왔다. 포식자나 적이 나를 공격하려는 것을 알아차리면 뇌와 몸은 즉각 스트레스 반응을 가동시켜 대응한다.

하지만 시대가 180도 변했다. 이 책을 읽고 있는 지금 이 시대 우리는 삶과 죽음의 기로에 놓여 있지는 않을 것이라 짐작한다. 또 그러길 바란다. 아마 편안한 소파에 앉아 이 책을 읽고 있을 것이다. 어쩌면 부드러운 담요로 무릎을 덮고 있을지 모르겠다. 외부의 그 어떤 것도 우리의 행복을 물리적으로 위협하지 않는다.

하지만 머릿속 생각이 우리를 위험에 빠뜨릴 수는 있다. 기억하고, 상상하고, 고민하고, 걱정할 수 있기 때문에 내면의 우리는 어쩌면 죽을힘을 다해 도망치고 있는지 모른다. 심리적 스트레스는 확신, 제어, 예측 가능성, 사회적 지원, 소속 등의 부재를 인지함으로써 생긴다. 지금 인지하거나 예측하는 스트레스 유발 상황이 결코 현실에서는 벌어지지 않더라도 단순히 상상하는 것만으로 우리의 뇌와 몸은 스트레스 반응을 온전히 경험한다. 스트레스 경험의 강도로 따지면, 우리의 생각은 배고픈 사자나 총을 든 괴한이 거실에 들어와 있는 것과 다를 바가 없다. 이런 급성스트레스에 대해 우리 몸은 투쟁 도피 반응, 즉 교감신경계 반응으로 대응한다. 편도체가 도전이나 위협적인 상황을 느끼면 즉각 시상하부에 경보를 울린다. 그러면 시상하부는 신경전달물질을 통해 뇌하수체에 배턴을 넘기고 뇌하수체는 혈류로 호르몬을 분비한다. 호르몬은 신장 위에 있는 부신에게 스트레스 호르몬을 분비하라고 명령한다.

부신에서 분비되어 밤낮없이 일하는 스트레스 호르몬이 아드레날린adrenaline과 코르티솔cortisol이다. 아드레날린은 효과가 빠르고 수명이 짧은 비상경보 호르몬으로 뇌와 몸을 즉각 행동에 돌입시킨다. 아드레날린은 심박율, 호흡, 혈압을 증가시키고 지금 꼭 필요하지 않은 세포 성장, 소화(5분 안에 죽는다면 지금 뭐든 소화시켜봐야 의미가 없다) 등의 활동에 사용되던 모든 혈액과 에너지를 끌어다가 팔다리로 (일단 치고 달아나라고!) 보낸다. 아드레날린은 또 감각과 집중력을 증강하는 대신 생각하는 능력을 제한하기 때문에 우리는 앞뒤를 재느라 시간을 허비하지 않고 즉각 반응할 수 있다.

코르티솔은 아드레날린보다 조금 느긋하다. 아드레날린이 상황 발생 수 초 만에 현장에 도착한다면, 코르티솔은 스트레스 유발 상황이 발생한 지 15분에서 한 시간 정도 후에 활발히 분비된다. 코르티솔은 글루코스(에너지)를 동원해 우리가 스트레스 상황에 물리적으로 대응할 수 있게 해준다. 또, 상황 종료 후 스트레스 반응을 완전히 멈추게 하는 것도 코르티솔의 중요한 기능이다.

스트레스 반응은 일시적으로 신속대응체제를 가동해 우리 몸을 생리적으로 생존에 적합한 상태로 만든다. 즉 우리 뇌와 몸은 즉각적 위협이나 도전에 대응할 수 있는 상태로 전환된다. 그런데 그런 상태가 나쁘지만은 않다. 하루하루 정상적으로 기능하기 위해, 즉 오늘 직장에서 발표를 하고, 앞 차가 급정거했을 때 나도 급브레이크를 밟고, 심지어 아침에 침대에서 빠져나오기 위해서도 스트레스 반응이 필요하다.

그러면 급성스트레스 유발 상황이 기억에 어떤 방식으로 영향을 미칠까. 간단히 말하면 지금의 스트레스 상황에 관해 새로운 기억이 생성되도록 도움을 주는 한편 이미 만들어진 기억을 인출하는 능력에 제동을 건다. 하지만 좀 더 들어가 보면 그렇게 한마디로 딱 잘라 말할 수만은 없는 까다로운 사정이 있다.

급성스트레스는 일반적으로 새로운 기억의 생성을 촉진한

다. 첫 번째, 스트레스를 유발하는 요인이 잠깐 짧게 나타나는 경우 집중력이 높아진다. 앞에서도 말했듯이 주의집중은 기억형성에 매우 중요하다. 두 번째, 몸과 뇌를 즉각 대응체제로 전환하는 것 외에, 아드레날린과 코르티솔은 편도체에 노르에피네프린 norepinephrine이라는 신경전달물질을 분비하게 한다. 그러면 편도체는 해마에 신호를 보낸다. 단순화하면 이런 신호다. "이봐, 지금 출몰한 스트레스 요소는 굉장히 중요한가 봐. 단단히 강화시켜! 기억으로 만들어놔!" 코르티솔은 또 해마에 있는 수용체에 직접 작용해 기억강화를 촉진할 수도 있다.

그래서 단일하고 일시적인 요인에 의한 것이라면 스트레스는 기억형성에 도움이 된다. 스트레스를 유발하는 사진을 보기 직전에 피험자들에게 코르티솔 주사를 맞게 하면 사진에 대해 강력한 기억이 형성되는 것을 이후의 테스트에서 알 수 있었다. 부신이 없는 사람은 스트레스를 받는 동안 형성된 정보와 사건에 대한 기억이 부신이 있는 사람들보다 희미할 것이다.

급성스트레스에 노출되는 것이 새로운 기억의 형성을 돕긴 하지만 그렇다고 아무 기억이나 잘 만들어지는 것은 아니다. 투쟁도피 반응 중에 우리의 감각과 주의력이 고양되기는 해도 그 대상 범위가 좁아지기 때문에 기억으로 강화할 수 있는 세부 정보도 줄어든다. 그러므로 스트레스 상황의 중심에 있는 정보에 대해서는 강렬한 기억이 형성되지만 세세한 주변 상황에 대해서는 오히려 잘 기억하지 못한다. 예를 들어 무장 은행 강도 사건(극도의 스트레스 유발 상황)의 목격자는 총(스트레스의 주원인)에 대해서는 작은 부분까지 선명하게 기억하겠지만, 은행에 사람이 몇 명이나 있었는지 혹은 은행 직원이 어떻게 생겼는지 등에 대해서는 잘 기억하지 못할 수 있다.

아울러 급성스트레스가 스트레스 경험의 중심에 있는 정보에 대해서는 기억형성을 촉진하지만, 특별한 감정을 유발하지 않는 중립적인 정보에 대한 기억형성에는 영향을 미치지 않는다. 아드레날린 주사를 맞은 피험자들에게 중립적인 사진들을 보여주었을 때 생리식염수를 주입받은 대조군과 비교하여 기억력에 뚜렷한 차이를 보이지 않았다. 또 스트레스를 받는다고 해서 스트레스 유발 요소와 무관한 기억까지 더 잘 생성되는 것은 아니다. 아침에 있을 물리학 시험에 대비해 공부를 하는 대학생이라고 해보자. 여러 가지 복잡한 정보를 숙지해야 하는데, 시간은 얼마 없고, 성적은 잘 받고 싶다. 이 모든 스트레스 상황은 공부하려는 내용을 기억으로 강화하는 데 도움을 준다. 하지만 공부하던 중에 룸메이트가 아이슬란드에 여행 갔던 이야기를 들려준다면, 높아진 스트레스 수준이 룸메이트의 여행 이야기에 대한 기억형성에까지 도움을 줄까? 그렇지 않다. 룸메이트의 아이슬란드 여행 이야기는 물리학 시험에 따른 스트레스와 무관하기 때문이다.

급성스트레스의 정도도 기억형성에 중요하다. 스트레스에 대한 자각과 기억형성 간의 관계를 그래프로 나타내면 가운데가 볼록한 포물선 모양을 띠게 된다. 물리학 시험에 대한 스트레스가 너무 낮으면 편도체가 충분히 활성화되지 않아, 해마에서 기억이 강화되는 것을 돕지 못한다. 반면 스트레스가 너무 지나쳐 스트레스에 압도되어 있는 상태라면 집중할 수도, 정보를 처리할 수도 없다. 일시적인 스트레스가 어떤 수준에 이르면 스트레스와 연관된 기억형성이 최고조에 이른다. 이 수준은 개인마다 다르다. 어떤 사람은 급성스트레스를 매우 높은 수준까지 감당할 수 있는 반면 어떤 사람에게는 스트레스의 무게가 독이 된다.

●●●

만성스트레스가
해마를 공격한다

일시적인 스트레스가 새로운 기억형성을 원활하게 하지만, 동시에 이미 저장되어 있는 기억의 인출능력을 저하시킬 수도 있다. 기말고사를 앞두고 시험범위의 내용을 완벽하게 숙지했다. 자신감이 넘치고 시험을 잘 볼 준비가 되어 있다. 하지만 교실 문을 들어선 순간 갑자기 불안해진다. 심장이 요동치고, 손에 땀이 나고, 속이 뒤틀린다. 첫 번째 문제를 읽자마자 머릿속이 하얘진다. 분명히 아는 문제인데 뇌가 답을 인출하지 못한다. 생각나지 않으니 당황해서 스트레스가 높아진다.

많은 연구에서 스트레스는 기억인출을 막는 것으로 밝혀졌다. 예를 들어, 코르티솔을 주입받은 피험자들은 식염수를 주입받은 피험자들에 비해 이미 학습한 정보를 제대로 불러오지 못했다. 코르티솔 분비를 차단하면, 기억을 불러오는 기능이 정상으로 돌아온다.

그러므로 일시적이고 적당한 수준의 스트레스는 기억형성에 도움이 되는 반면 기억회상에는 방해가 될 수 있다. 그렇다면 자주 또는 지속적으로 스트레스를 받는, 대다수 현대인들의 경우는 어떨까? 만성스트레스가 기억에 좋을 수 있을까? 그렇지 않다. 사실 끊임없는 스트레스는 기억에는 재앙이나 마찬가지다.

지속적인 스트레스의 영향은 이렇다. 폭군 같은 상사, 가학적인 파트너, 아픈 자녀와 같이 짧은 시간에 해결할 수 없는 문제로 스트레스를 받고 있거나, 여러 가지 스트레스 유발 상황에 연달아 노출된다고 하자. 예를 들면 교통사고로 팔이 부러진데다 직장을 잃어서 공과금도 낼 수 없는 처지라고 해보자. 투쟁 도피 반응이 시도 때도 없이 일어나고 매번 코르티솔이 분비된다. 코르티솔 과다 상태가 지속되면 시상하부의 잠금 밸브가 둔감해지다가 더 이상 반응하지 않게 된다. 그 결과 스트레스 반응 스위치가 늘 켜진 상태가 된다. 이제 우리 뇌와 몸은 늘 쫓기는 도망자처럼 항상 투쟁 도피 상태가 된다.

이런 상황은 기억에 좋지 않다. 만성스트레스가 지속적으로 편도체에 경보를 울리면, 우리는 사고하는 뇌가 아닌, 원시 상태의 감정적인 뇌 활동에 너무 많은 시간과 에너지를 소모하게 된다. 스트레스는 전전두엽을 제한해 사고능력을 떨어뜨린다. 무슨 일을 하건 장단점을 신중하게 따지지 않고 즉각적으로 대응한다. 눈앞에 사자가 나타났다면 이런 대응이 도망치는 데 유리할지 모른다. 하지만 만성스트레스의 영향을 받는 상황에서는 명확한 사고를 하기 어려워진다.

더욱 걱정되는 점은 스트레스가 지속될 경우 해마의 신경세포가 줄어든다는 사실이다. 성인의 신경세포는 재생되지 않으므로 한 번 죽으면 끝이라는 말을 어디선가 들어본 적이 있을 것이다. 이런 주장은 이미 1990년대에 거짓으로 판명 났다. 신경생성(새로운 신경세포의 성장)은 일생에 걸쳐 뇌의 여러 부위에서 일어나고 특히 해마에서 가장 활발하다. 단 해마가 항상 코르티솔에 절어 있다면 사정은 다르다. 만성스트레스는 해마의 신경생성을 방해한다. 그러므로 끊임없는 스트레스에 속수무책으로 노출되어 있다면, 해마가 작아졌을 것이다. 그러면 기억강화를 담당할 신경세포가 적어서 새로운 기억을 생성하는 능력을 온전히 발휘할 수 없다.

스트레스와 코르티솔에 지속적으로 노출된 해마의 신경세포들은 뇌졸중이나 알츠하이머병 같은 공격에도 취약한 상태가 된다. 38세에서 60세의 여성 1100명을 대상으로 35년 이상 스트레스 자각 정도에 관한 연구를 실시했다. 그 결과 만성스트레스를 겪는다고 보고한 여성들은 알츠하이머병에 걸릴 위험이 65퍼센트 높았다. 또 다른 연구에서는 만성스트레스에 시달리는 사람들이 그렇지 않은 사람들보다 알츠하이머병을 앓을 확률이 두 배, 5년 안에 인지장애를 겪을 확률이 10배 높았다.

이처럼 만성스트레스는 기억에 나쁜 영향을 미친다. 하지만 현대의 삶은 스트레스로 가득하다. 우리는 세계 정치, 기후변화, 미래의 전염병을 제어할 수 없다. 악랄한 상사, 살인적인 마감 일정, 영원히 끝나지 않을 듯한 눈앞의 교통체증을 사라지게 만들 수 없다. 온종일 우리 집 현관으로 스트레스가 들어오지 못하게 지키고 있을 수도 없는 노릇이다. 그러면 어떻게 해야 할까? 늘 불안으로 땀에 젖은 손을 꼭 부여잡고는 잔뜩 오그라든 해마가 제구실도 못하고 코르티솔에 푹 절여지는 것을 그저 방관해야 할까? 아니면 극심한 스트레스 탓에 방금 읽은 책의 내용도 기억하지 못한 채 살아가야 할까?

스트레스로부터 자유로워지지는 못할지라도 우리의 뇌와 몸의 반응에 극적인 변화를 줄 수는 있다. 요가, 명상, 건강한 식습관, 운동, 마음챙김 수행, 감사와 공감을 통해 우리는 스트레스에 조금 둔감해지고, 도피 반응에 브레이크를 걸고, 불안이라는 독을 건강하게 관리할 수 있도록 스스로를 단련할 수 있다. 게다가 이 모든 방법들이 고혈압, 염증, 불안, 스트레스를 낮추는 것으로 나타났다. 이들 활동은 코르티솔 수준도 정상화시킨다. 또한 해마의 신경생성을 강화함으로써 만성스트레스를 퇴치하고 기억력을 향상시킬 수 있다. 가령, 8주 동안 하루 30분씩 매일 명상을 한 사람의 해마는 명상을 하기 전보다 눈에 띄게 커져 있었다. 명상을 하지 않은 동일 연령대의 사람들은 해마의 크기에 변화가 없었다. 규칙적으로 운동한 사람들도 비슷한 결과를 얻었다.

우리가 정기적으로 직면하는 여러 스트레스 요인들 가운데 분명 건망증도 한 자리를 차지할 거라고 나는 확신한다. 누군가의 이름이 생각나지 않고, 세탁소에 맡긴 옷을 잊어버리고, 전화기를 어디에 두었는지 헤맬 때마다 답답하고 두렵고 걱정되는가? 일상적으로 겪는 기억력 부진 때문에 자주 스트레스를 받는가?

급성스트레스가 기억을 방해하고 만성스트레스가 말 그대로 해마를 오그라들게 한다는 것을 알았으니, 건망증 때문에 초조해하는 것이 자기실현적 예언이 될 수 있다는 것도 짐작할 수 있을 것이다. 그러니 다 함께 심호흡을 해보자. 혹시라도 다음번에 유명한 서퍼의 이름이 기억나지 않거나 마트에 갔다가 우유를 깜빡하고 사오지 않았다면 이런 일은 누구나 겪는 자연스러운 일이라고 느긋하게 마음먹길 바란다. 누구나 잊어버린다. 잊어버린다고 스트레스를 받으면 더 잊어버리게 된다.

잠이 부족할 때
벌어지는 일

잠은 아무것도 하지 않는 시간이 아니다.

수동적이고 텅 빈 무의식의 상태도,

무기력한 이들이 나태하게 보내는 시간도 아니다.

잠은 우리가 최적의 기능을 유지하는 데 반드시 필요하다.

내일 거대 제약회사가 기억력을 향상시키고 알츠하이머병의 발병 가능성을 현저히 낮출 신약을 내놓는다면 사겠는가? 얼마까지 돈을 지불할 의향이 있는가? 그런데 사실 그런 약이 이미 있다.

잠이라는 약이다.

어렸을 때 나와 내 친구들은 가끔 슈퍼히어로가 되는 상상을 하곤 했다. 하늘을 날고, 투명인간이 되어 어디든 돌아다니고, 시간여행을 하는 능력은 모든 친구들의 희망사항이었다. 나도 마찬가지였다. 하지만 나는 여기에 추가로 잠을 잘 필요가 없는 초능력을 갖고 싶었다.

지금도 마찬가지다. 수많은 시간을 무의식 상태로 낭비하지 않아도 된다면, 얼마나 많은 책을 읽고 쓸까! 또한 얼마나 많은 언어를 배우고, 얼마나 많은 일을 이룰 수 있을까!

매일 밤 여덟 시간을 잠으로 보낸다면(물론 규칙적으로 이 정도의 잠을 잘 수 있는 사람은 거의 없다) 우리 인간은 평생 3분의 1을 잠으로 보내게 된다. 운 좋게 85세까지 산다면 24만 8200시간 동안 잠을 자는 것이다. 환산하면 28년을 꼬박 잠들어 있는 셈이다! 지금 쉰 살이라면, 이미 16년을 자면서 보낸 셈이다. 16년 동안 읽지도 일하지도 생각하지도 사람들을 사귀지도 놀지도 사랑하지도 않았다. 마찬가지로 다른 동물들도 자는 동안에는 사냥하지도 먹지도 않는다. 당연히 짝짓기도 그루밍도 하지 않는다. 왜 인간을 비롯한 동물들은 그 많은 시간을 아무것도 하지 않도록 진화했을까?

● ● ●

잠, 진정한 슈퍼히어로

질문 안에 답이 있다. 잠은 아무것도 하지 않는 시간이 아니다. 게다가 자고 싶지 않다고 해서 안 잘 수 있는 것도 아니다. 또한 수동적이고 텅 빈 무의식의 상태도, 무기력한 이들이 나태하게 보내는 한심한 시간도, 불행하게 낭비되는 시간도 아니다. 심지어 경계심이 결여된 상태도 아니다. 잠은 건강과 생존에 필수적일 뿐만 아니라 우리가 최적의 기능을 유지하는 데도 반드시 필요하다. 수면 중에도 우리는 생물학적으로 분주하게 활동한다. 잠이 부족하면 심장병, 암, 감염병, 정신질환, 알츠하이머병, 기억장애의 위험이 높아진다.

잠이야말로 진정한 슈퍼히어로인 셈이다!

잠은 여러모로 기억에도 매우 중요한 역할을 한다. 우선 집중하려면 잠을 자야 한다. 밤에 잠을 충분히 자지 않으면 전두피질이 맥을 못 추고, 그러면 집중력이 떨어진다. 이제 우리는 기억생성의 첫 단계가 기억할 대상을 알아차리는 것임을 알고 있다. 뭔가를 알아차리기 위해서는 대상을 인지하고 주의를 집중해야 한다. 잠은 전두피질의 신경세포가 깨어서 활기차게 임무를 수행할 준비를 하게 함으로써 새로운 기억을 부호화하는 데 필요한 집중력을 높인다.

하지만 집중력을 높이는 것은 잠이 기억에 미치는 강력한 효과 중 극히 일부에 불과하다. 잠은 새롭게 부호화된 기억이 사라지지 않도록 저장 버튼을 누르는 역할도 한다. 잠이 기억을 저장하는 과정은 두 부분으로 구성된다. 우선 깨어 있는 동안 뭔가를 경험, 학습, 심지어 반복할 때 뇌에서 활성화되었던 고유한 신경 패턴이 자는 동안 다시 활성화된다. 이런 재활성화는 신경세포 간의 연결을 더욱 용이하게 하고, 연결 패턴을 하나의 기억으로 단단히 접합한다. 사실 수면 중에 기억이 강화되는 과정에서 얼마나 많은 재활성화가 일어났는지는 잠에서 깨어난 후 회상할 수 있는 기억의 양과 직결된다.

잠은 새로운 기억을 강화해주는 반면 수면 부족은 이를 방해한다. 그래서 하룻밤 잠을 설치면 일종의 후향성 기억상실retrograde amnesia(어느 시점 이전의 기억이 손상되는 기억장애. 후생성 기억상실, 또는 역행성 기억상실이라고도 한다―옮긴이)을 겪게 된다. 전날의 기억 중 일부가 흐릿하고, 부정확하며, 심지어 사라지기까지 한다. 잠을 자고 나서는 같은 시간을 깨어서 보낸 후보다 목록, 연상관계, 패턴, 교과서 지식, 오늘 있었던 일 등을 회상하는 능력이 20퍼센트에서 40퍼센트 늘어난다. 오늘 만들어진 의미기억과 일화기억은 숙면을 취한 다음 훨씬 더 잘 떠오른다. 이는 그냥 시간이 흘러서가 아니라 일정 시간을 잠든 상태로 보낸 덕분이다.

잠은 일화기억과 의미기억을 향상시킬 뿐만 아니라 근육기억도 최적화한다. 우리는 반복을 통해 기능을 더욱 잘 습득할 수 있다. 연습하면 완벽해진다. 그런데 여기에 잠을 더하면 어떻게 될까?

잠이 근육기억에 미치는 효과를 밝히기 위한 연구에서 참가자들은 컴퓨터의 번호 키 네 개를 4-1-3-2-4의 순서로 누르되 평소에 주로 사용하지 않는 손으로 최대한 빠르고 정확하게 30초 동안 반복해야 했다. 참가자들은 이 과제를 12번 연습했고, 전체적인 수행능력은 평균 4퍼센트가량 향상되었다. 참가자들은 같은 과제를 12시간 후에 다시 수행했다. 잠을 자지 않았던 절반의 참가자는 속도와 정확도가 전혀 나아지지 않았다. 반면 나머지 절반은 12시간 중 여덟 시간 동안 꼬박 밤잠을 잤고 이후 다시 수행한 과제에서 속도는 20퍼센트, 정확도는 35퍼센트 향상되었다. 이처럼 눈에 띄는 근육기억의 향상은 꾸준히 연습을 해서, 혹은 그냥 시간이 지나서 저절로 얻어진 것이 아니다. 잠을 잤기 때문에 좋아진 것이다!

잠은 모든 종류의 근육기억에 도움을 주는 것으로 보인다. 처음에는 의식적으로 따로따로 수행하던 동작 절차들을 자동 연결되는 매끄러운 근육기억으로 강화하기 위해서는 잠이 필요하다. 잠은 완벽한 기능 습득에 도움이 된다. 악보를 읽으면서 손가락 하나하나를 어떤 건반 위에 놓을지 생각할 필요 없이 그냥 기억에 의존해 음악을 연주할 수 있다. 무엇을 배우건 잠을 자고 나면 연습을 더 많이 하지 않아도 더 잘하게 된다. 연습을 하면 완벽해지는 것은 사실이다. 단, 잠을 잘 자야 한다.

낮잠도 힘을 발휘한다. 이번에는 낮잠이 밤잠만큼 운동기억 향상에 도움이 되는지 알아보기 위해 손가락으로 4-1-3-2-4의 순서로 번호 키를 누르는 실험을 다시 해보았다. 동작을 습득한 후 참가자의 절반은 60분에서 90분간 낮잠을 잤다. 나머지 절반은 잠을 자지 않았다. 낮잠을 잔 참가자들은 낮잠을 자기 전보다 수행능력이 16퍼센트 향상되었다. 낮잠을 자지 않은 사람들의 수행능력에는 변화가 없었다.

그날 밤 모든 참가자에게 숙면을 취하게 하고 다음 날 같은 실험을 했다. 전날 낮잠을 잔 사람들은 수행능력이 더욱 향상되어 처음보다 23퍼센트 향상되었다. 낮잠을 자지 않은 사람들은 수행능력이 24퍼센트 향상되어 낮잠을 잤던 사람들을 따라잡았다. 따라서 낮 동안의 수행능력만을 평가한다면 낮잠을 잔 사람들이 더 유리하지만, 하룻밤의 숙면에서 얻는 이점에는 비할 바가 아니었다.

많은 연구에서 새로운 것을 배우는 능력은 저녁에 가까워질수록 점점 떨어졌다. 단 이것은 낮잠을 자지 않는 경우였다. 그렇다면 낮잠은 어떻게 새로운 것을 기억하는 능력을 향상시키는 걸까? 확실한 것은 알 수 없지만 대다수의 전문가들이 인정하는 가설이 있다. 피질과는 달리 해마의 저장용량에는 한계가 있다. 시험 전날 벼락치기를 하느라 어마어마한 양의 정보를 외워야 한다고 가정하자. 이론적으로 우리는 해마의 한계치까지 정보를 채울 수 있다. 따라서 낮잠을 자는 동안 새롭게 만들어진 기억의 극히 일부라도 강화해놓으면 새로운 기억을 강화하는 데 필요한 공간을 조금이라도 확보할 수 있을지 모른다.

그러므로 낮잠은 이미 배운 것을 유지하는 데 도움을 줄 뿐만 아니라 앞으로 배울 내용을 강화하는 데 필요한 공간을 마련하는 데도 도움을 주는 것으로 보인다. 그렇다면 낮잠은 얼마나 자야 할까? 20분이면 기억을 강화하는 낮잠의 혜택을 충분히 누리면서 한낮에 너무 오래 자고 나서 느끼는 무기력감도 예방할 수 있다.

한때 낮잠 무용론자였던 작가 다니엘 핑크는 이제 낮잠 예찬론자가 되었다. 그는 또 '나푸치노nappuccino'라는 재미있는 방식으로 낮잠의 활용도를 높였다. 잠들기 직전에 커피를 마시고 20분간 낮잠을 즐기는 것이다. 잠에서 깨어나면 새로운 기억들 다수가 장기기억으로 안전하게 저장되어 있다. 꼭대기까지 꽉 찼던 해마를 정리해, 이제부터 기억할 정보를 저장할 여유공간도 생긴다. 카페인이 혈류로 들어가기까지 약 25분이 소요되는 것을 고려하면 자기 전에 마신 카페인도 서서히 효력을 띠기 시작하면서 전두피질의 신경세포가 깨어나 집중력을 발휘하도록 돕는다. 그냥 낮잠이 아니라 파워 낮잠이다.

아직도 충분한 잠이 기억에 꼭 필요한 슈퍼히어로라는 확신이 들지 않는다면, 이제부터가 진짜 중요한 얘기다. 수면이 알츠하이머병의 위험을 낮추는 데 아주 중요한 역할을 한다는 증거가 속속 나오고 있다. 앞서 이야기했지만 대다수의 신경과학자들은 아밀로이드 퇴적물이 알츠하이머병의 원인이라고 믿는다. 정상적인 경우라면 뇌의 청소부라고 불리는 신경교세포가 아밀로이드의 청소와 대사를 맡는다. 신경교세포는 뇌의 폐수 처리와 위생을 담당한다고 할 수 있다. 우리가 깨어서 바쁘게 활동하는 동안 시냅스에 대사 잔해들이 쌓이는데, 깊은 잠을 자는 동안 신경교세포가 이 잔해들을 청소한다. 숙면은 뇌의 대청소 시간인 셈이다. 특히 우리가 밤에 깊은 잠을 자는 동안 신경교세포는 가장 중요한 임무를 수행한다. 바로 아밀로이드의 처리다.

그렇다면 짧고 깊게 자면 어떨까? 시간이 부족해 신경교세포가 청소작업을 끝내지 못하고, 어제의 아밀로이드가 시냅스에 남아 있는 상태로 잠에서 깨게 된다. 아밀로이드 숙취인 셈이다.

하룻밤만 잠을 못 자도 뇌척수액에 아밀로이드와 타우^{Tau}(또 다른 알츠하이머병 예측지표)가 증가할 수 있다. 지속적으로 잠이 부족할 경우 아밀로이드가 매일 밤 점점 쌓여서 한계치에 가까워지게 되고, 알츠하이머병을 진단받을 날도 점점 가까워진다.

아밀로이드가 쌓이면 숙면을 방해하고 그 결과 더 많은 아밀로이드가 쌓이게 되므로 퇴적물 형성을 가속화하는 악순환의 고리에 갇히게 된다. 이 모든 정보가 가리키는 것은 무엇일까? 수면 부족은 알츠하이머병을 진행시키는 매우 중요한 위험 인자가 될 수 있다는 것이다.

하지만 얼마나 자야 충분한 걸까? 성인은 매일 밤 일곱 시간에서 아홉 시간을 자도록 진화했다. 이보다 적게 자면 심혈관계와 면역계의 기능 저하, 정신 건강과 기억의 손상을 초래할 수 있다. 많은 사람이 이 내용을 가볍게 읽고 지나가거나, 하루 대여섯 시간만 자면 충분하다고 생각하거나, 그냥 내 말을 믿지 않을 것 같아서 다시 한번 강조하겠다. 잠과 건강의 연관관계를 연구한 여러 과학 실험들이 분명한 데이터를 제시하고 있다. 매일 밤 우리는 잠을 자는 과정을 통해 심장병, 암, 감염병, 정신질환에 적극적으로 맞서 싸우고 있다. 뇌를 비롯한 인체의 모든 기관계는 잠을 충분히 잘수록 건강해지는 반면, 잠이 부족하면 건강과 기억력은 심각하게 손상된다. 하룻밤에 일곱 시간에서 아홉 시간의 수면 시간을 채우지 못하면 잠을 못 잔 다음 날은 물론 평생에 걸쳐 건강이 크게 위협받는다. 잠은 강력한 슈퍼히어로이지만, 그 칼날이 어디를 향할지는 우리의 행동에 달려 있다.

우리가 원래부터 수면 부족에 시달린 것은 아니다. 1942년 갤럽 조사에 따르면 미국 성인은 하룻밤 평균 7.9시간을 잤다. 하지만 시대가 변했다. 오늘날 대부분의 문화권에서 잠을 경시하는 태도는 위험한 수준에 달했다. 언제나 바쁘게 돌아가는 현대사회에서 무엇이든 다 가지고 다 해봐야 한다는 압박, 치솟는 불안, 전자기기 사용 시간의 폭증, 깊은 밤까지 TV 시리즈 한 시즌을 정주행하는 습관 등으로 인해 우리의 수면 시간은 현저하게 줄었다. 오늘날 미국, 영국, 일본의 성인들은 하룻밤 평균 6.5시간을 잔다.

우리는 잠을 박탈당하고도 적게 자는 것을 자랑스러워하는 경향이 있다. 하지만 일곱 시간도 채 자지 않는 생활습관을 열정으로 포장하는 것은 어리석은 허세다. 수면 전문가들은 인간에게 필요한 수면 시간에 대해 모두 한 목소리를 낸다. 우리는 일곱 시간에서 아홉 시간을 자야 한다. 그보다 덜 자면 건강과 기억을 해친다.

간단히 요약하자면, 우리가 오늘밤 일곱 시간에서 아홉 시간을 푹 자지 못하면 다음과 같은 일이 일어난다.

- 전두피질 신경세포가 무기력해져서 집중력이 떨어지고 새로운 기억들을 부호화하는 능력이 저해된다.
- 전날 배우고 경험한 것을 분명하고 완벽하게 기억하지 못한다.

- 전날 레슨을 받고 18홀을 다 돌았어도 골프 스윙이 나아지지 않는다.
- 기억용량이 일찍 한계에 도달해 학습량을 채우지 못할 수 있다.
- 알츠하이머병에 걸릴 위험이 증가할 수 있다.

그럼, 잘 자요…….

알츠하이머병에
저항하는 뇌

중요한 건 알츠하이머병에 저항할 힘이 있는 뇌를 만드는 것이다.

그러기 위해서는 피아노를 배우고, 새 친구를 사귀고,

안 가본 도시를 여행하는 것 등

새로운 인지자극이 필요하다. 아니면 이 책을 읽거나.

나이는 알츠하이머병의 최대 위험 요소다. 알츠하이머병으로 인한 기억손실은 65세 미만의 연령에서는 드물지만, 65세를 기점으로 사례가 급증한다. 65세의 미국인 10명 가운데 한 명이 알츠하이머병 환자다. 85세가 되면 셋 중 하나가 환자가 되고, 곧바로 둘 중 하나에 근접해간다. 우리 중 절반이 알츠하이머병 환자가 되는 셈이다.

나이 드는 것을 막을 수는 없다. 나이가 들면, 알츠하이머병에 걸려 기억을 잃는 것이 뇌의 숙명일까? 대부분의 사람들에게는 그렇지 않다. 알츠하이머병이 노화의 통상적인 과정은 아니기 때문이다. 순수하게 유전적 원인으로 조기발현치매를 겪는 사람은 알츠하이머병 환자 중 단 2퍼센트뿐이다. 나머지 98퍼센트는 물려받은 유전자와 생활습관이 복합적으로 작용한 결과다. DNA를 바꿀 수는 없지만 생활습관을 바꿈으로써 아밀로이드 퇴적물에 극적인 영향을 미칠 수 있다는 것을 과학이 분명하게 보여준다. 달리 말하면 암이나 심장병처럼 알츠하이머병도 예방책이 있다. 알츠하이머병이 하루아침에 진행되지는 않으므로, 알츠하이머병 증상이 드러날 정도로 아밀로이드 찌꺼기가 쌓이는 데에는 15년에서 20년이 걸린다. 그만큼 예방책을 실천할 시간이 많다는 얘기다.

• • •

알츠하이머병 예방법

우선 먹고 마시는 것부터 이야기해보자. 지중해식 식단이나 (지중해식 식단과 고혈압 예방 식단인 DASH를 혼합한) MIND식단이 알츠하이머병의 위험을 3분의 1내지 절반가량 줄여준다는 것이 몇몇 연구를 통해 확실히 알려졌다. 이 연구 결과는 매우 중요한 의미를 갖는다. 만약 미국 식약청이 알츠하이머병의 위험을 절반으로 줄여주는 약을 승인한다는 보도가 나온다면 그 약을 사겠는가? 당연히 살 것이다. 지중해식 식단과 MIND식단은 모두 녹색 채소, 밝은 색의 베리, 견과, 올리브오일, 통곡물, 콩, (특히 우리 몸이 만들어내지 못하는 오메가3

지방산이 풍부한) 생선을 포함한다.

수년간 사람들은 내게 알츠하이머병 질환 예방을 위해 레드와인을 마셔야 하는지, 묻곤 했다. 자신이 원하는 대답을 듣고 싶다는 바람을 온 몸으로 드러내면서 말이다. 내 대답은 늘 그들을 실망시킨다. 그렇지 않기 때문이다.

레드와인이 알츠하이머병을 비롯한 치매 발병 위험을 줄인다는 주장을 확실히 뒷받침할 데이터는 없다. 레드와인의 효능을 주장하는 연구들은 유용한 결론을 도출하기에는 너무 허점이 많다. 불행히도 이런 연구들이 사람들의 오해를 살 만한 언론보도로 널리 알려지면서 하루에 레드와인 두 잔을 마시면 알츠하이머병 예방에 특효라는 도시괴담 같은 이야기들을 양산했다. 하지만 이런 주장을 입증할 과학적 증거는 없다.

설령 레스베라트롤resveratrol(기억을 보호해주는 효능이 있다고 알려진 레드와인의 성분)과 뇌 기능의 관계를 입증하기 위한 쥐 실험에서 아밀로이드 제거와 인지능력 향상에 효과가 나타났다고 해도 (그런 효과는 없었다) 효과를 볼 만큼 레스베라트롤을 섭취하려면 하루에 레드와인을 20잔가량 마셔야 한다. 분명하게 말하지만, 얼마만큼 마시건 레드와인이 알츠하이머병의 위험을 줄인다는 사실을 입증한 연구는 없다. 음주는 술의 종류와 무관하게 수면의 질과 양을 저해함으로써 알츠하이머병의 위험을 증가시킬 가능성이 높다.

그러면 초콜릿은 어떨까? 초콜릿은 (카페인을 함유해) 집중력을 높이는 것으로 알려졌고, 이미 집중이 어떻게 기억생성의 중요한 요소가 되는지 이야기했었다. 그러니 초콜릿은 기억에 기여한다. 하지만 지금으로서는 초콜릿이 알츠하이머병의 위험을 줄인다는 확실한 증거가 없다. 실망시켰다면 미안하지만, 레드와인과 마찬가지로, 초콜릿과 알츠하이머병의 연관성에 대한 연구도 아직은 유용한 결론을 도출할 만큼 제대로 이루어지지 않았다. 알츠하이머병에서 세포가 죽는 원인은 염증이다. 초콜릿(특히 다크 초콜릿)이 항산화 작용을 한다고 알려져 있으므로 염증을 줄이는 데 어떤 역할을 할 것이라고 추측은 할 수 있다. 그러므로 이론적으로는 초콜릿이 다른 항산화 기능이 있는 음식이나 향신료처럼 유리기free radicals(활성산소. 우리가 호흡한 산소가 에너지를 만들고 물로 환원되는 과정에서 나타나는 산화력이 높은 산소 찌꺼기. 체내에서 발생되거나 스트레스, 자외선, 세균 침투에 의해서도 나타나며 적당량이 있으면 세균이나 이물질로부터 몸을 지켜주지만 너무 많이 발생하면 정상 세포까지 무차별 공격해 각종 질병과 노화의 주범이 된다―옮긴이)와 염증에 의한 손상으로부터 뇌를 보호할 수 있을지 모른다. 하지만 아직은 이를 입증할 데이터가 없다.

커피는 어떨까? 오랜 기간 진행된 전염병 연구(동일한 피험자들을 대상으로 장기간 진행된 연구였다)는 중년에 매일 커피를 세 잔에서 다섯 잔 마신 것과 알츠하이머병의 위험이 65퍼센트 감소한 결과를 연관 지었다. 하지만 이런 결과가 카페인 때문인지, 항산화 물질 때문인지, 인슐린 민감도에 미친 영향 때문인지, 뇌혈관

장벽의 변화 때문인지, 아니면 또 다른 이유 때문인지 아무것도 알 수가 없다. 커피 대신 차를 마셔도 같은 효과를 기대할 수 있는지도 알 수 없다. 그러므로 더 많은 연구가 필요하지만, 현재로서는 커피를 알츠하이머병 예방책의 하나로 봐도 좋다. 하지만 하루 중에 언제 마실 것인지 신중하게 정할 필요는 있다. 커피의 잠재적 효능이 밤잠을 설침으로써 상쇄될 수도 있기 때문이다.

비타민 D가 부족한 사람은 비타민 D의 수준이 정상인 사람들보다 알츠하이머병에 걸릴 확률이 두 배 높다. 따라서 비타민 D 결핍이라면 보조제를 섭취하고 햇볕을 충분히 쬐는 것이 좋다. 비타민 B_{12} 결핍도 치매 증상을 일으킬 수 있다. 알츠하이머병의 증상과 매우 비슷해 보이지만 근본부터 다르다. 다행히 이 경우 B_{12} 보조제를 먹거나 주사를 맞으면 이런 증상은 해소된다. 흔히 알려진 것과 달리 코코넛 오일은 알츠하이머병으로 인한 기억소실에 효과가 입증되지 않았다. 마찬가지로 은행잎 추출물(징코빌로바) 역시 치매 위험을 낮춰주지 않는다.

경험상 심장에 좋으면 뇌에도 좋고, 알츠하이머병 예방에도 좋다. 그러므로 이미 심장 건강에 신경을 쓰고 있다면 뇌건강도 나쁘지 않을 것이다. 고혈압, 비만, 당뇨, 흡연, 높은 콜레스테롤 수치 등은 모두 알츠하이머병 발병 위험을 높인다. 몇몇 사후 부검 결과에 따르면 알츠하이머병 환자의 80퍼센트가 심혈관계 질환을 함께 가지고 있었다고 한다. 고밀도 지방단백질HDL(일명 좋은 콜레스테롤)이 높은 사람들은 HDL이 낮은 사람들에 비해 알츠하이머병 발병 위험이 60퍼센트 낮았다. 스타틴(콜레스테롤 합성 억제제)은 75세 이상 노인들의 알츠하이머병 발병을 늦추는 효과가 있었다.

이미 수면이 알츠하이머병 진행에 미치는 잠재적 효과에 대해 이야기했지만, 수면의 효과는 여기서 다시 한번 강조할 만한 가치가 있다. 만성적 수면 부족은 알츠하이머병을 유발하는 치명적인 위험 요소다. 이런 결론을 보면 (수십 년간 밤늦게까지 안 자고, 아침에는 너무 일찍 일어나고, 밤새 수유를 했던 기억 때문에) 무섭기도 하고, 안심이 되기도 한다. 적어도 할 수 있는 일이 있다는 점에서 그렇다. 아직 알츠하이머병에 걸리지 않았다면 아밀로이드 수치가 한계점에 도달하지 않았다는 뜻이다. 그동안 수면 부족인 채로 긴 세월 살아왔다 해도 모두 지나간 일이다. 하루하루 뇌에 아밀로이드가 쌓이지 않도록 싸울 기회가 아직 있다. 오늘 밤 충분히 자면 된다.

●●●

걷고 뛰고 배워라

알츠하이머병 예방을 위해 어떠한 노력도 하지 않고 있다면 운동이라도 해야 한다. 유산소운동은 인간을 대상으로 한 많은 연구에서 치매 위험 감소와 연관성을 보였고, 알츠하이머병에 걸린 동물 표본에서도 운동이 아밀로이드 수준을 낮춰주었다. 운동은 수면에도 좋은 영향을 미친다(잠드는 데 걸리는 시간이 줄어들고, 수면의 질이 좋아지고, 중간에 깨는 횟수가 줄어든다). 앞서 설명했지만, 수면은 정상적인 기억을 향상시키고 알츠하이머병의 위험을 줄인다. 매일 빠르게 걷기만 해도 알츠하이머병 발병 위험을 40퍼센트 줄이는 상관관계가 있었다. 결코 작지 않은 효과다. 역시 운동은 효과가 있다.

운동과 정신 활동 모두 해마에서 새로운 신경세포가 성장하는 것을 촉진한다. 해마는 기억형성에 필수적이고 알츠하이머병으로 가장 먼저 손상되는 부위다. 운동과 정신자극은 병과 싸우고 병에 희생된 신경세포를 대체하는 방법이 될 수 있다. 장시간 앉아서 생활하거나 인지 활동이 부족하면 뇌가 줄어든다. 알츠하이머병 발병 위험을 증가시키는 것으로 알려진 유전자 변이 APOE4를 하나만 보유한 노인의 해마 크기는 1년 반 만에 3퍼센트 감소했다. 단, 오랜 시간 앉아 있는 경우에만 말이다. 운동을 한 경우 해마는 줄어들지 않았다. 오래 앉아 있을수록 해마의 크기가 작아진다. 뇌가 작은 사람은 뇌가 큰 사람에 비해 기억력이 좋지 않다.

끝으로, 알츠하이머병으로 인한 기억손실을 예방하고 싶다면 새로운 것을 배우는 것도 좋다. 알츠하이머병 증상들의 궁극적 원인은 시냅스 손실이다. 뇌는 평균 100조 개가 넘는 시냅스를 보유하고 있다. 이는 우리가 할 수 있는 일이 많다는 의미이므로 긍정적이다. 그리고 시냅스의 개수는 늘 유동적이다. 신경가소성에 의해 시냅스는 늘 새로 생기기도 하고 사라지기도 한다. 새로운 것을 배울 때마다 새로운 신경연결, 새로운 시냅스가 생성되고 강화된다.

그렇다면 새로운 것을 배움으로써 어떻게 알츠하이머병의 위험을 줄일 수 있을까? 75세 이상의 수녀 678명을 대상으로 20년간 진행된 연구에서 답을 찾아보자. 연구에 참여한 수녀들은 정기적으로 건강검진과 인지검사를 받았고, 사망 시에 뇌는 연구를 위해 기증되었다. 연구자들은 일부 뇌에서 놀라운 결과를 얻었다. 퇴적물이 쌓이고 엉키는 등 뇌의 상태로는 알츠하이머병이 확실한데도 생전에 알츠하이머병의 행동 징후를 전혀 보이지 않았기 때문이다.

이것이 어떻게 가능할까. 우리는 이 수녀들이 치매 증상을 보이지 않았던 이유가 인지적 비축율이 높았기 때문이라고 생각한다. 즉 온전히 기능할 수 있는 시냅스를 더 많이 가지고 있었던 것이다. 정규교육을 오래 받고, 지식 정도가 높고, 정기적으로 사회적·정신적 자극을 받는 활동에 참여하는 사람들은 인지적 비축분이 많다. 이런 사람들은 신경연결이 풍부하고 따라서 여분을 많이 가지고 있다. 즉 알츠하이머병으로 일부 시냅스가 손상되더라도 예비 혹은 대안이 많기 때문에 문제가 겉으로 드러나지 않는다. 이런 사람들은 알츠하이머병 진단을 받을 위험이 적다.

그러므로 알츠하이머병이 이미 진행된 상태라도 아직 손상되지 않은 신경경로로 우회함으로써 건강하게 살아갈 수 있다. 아울러 이런 예비 경로, 즉 인지적 비축분은 새로운 것을 학습함으로써 만들어낼 수 있다. 기왕 새로운 것을 학습한다면 시각, 청각, 연상, 감정을 모두 자극할 수 있도록 최대한 풍부한 의미를 내포한 것들을 학습하는 것이 좋다.

낱말퍼즐을 푼다고 인지적 비축분이 쌓이지는 않는다. 퍼즐이나 소위 두뇌 게임 등이 알츠하이머병 발병 위험을 낮춘다는 확실한 증거는 없다. 퍼즐을 많이 하면 퍼즐을 잘 풀게는 되겠지만, 그렇다고 뇌가 커지지도 알츠하이머병에 대한 저항력이 생기지도 않는다. 이미 학습한 정보를 단순히 인출하는 것은 의미가 없다. 이런 식의 정신 활동은 오래전부터 익숙한 거리를 여행하고, 이미 알고 있는 동네를 돌아다니는 것과 마찬가지다.

새로운 신경경로를 만들어야 한다. 알츠하이머병에 저항할 힘이 있는 뇌를 만드는 인지자극이란 피아노를 배우고, 새 친구를 사귀고, 안 가본 도시를 여행하는 것 등을 의미한다. 아니면 이 책을 읽거나. 고맙다는 말은 넣어두시길.

그리고 이 모든 노력에도 불구하고 어느 날 알츠하이머병 진단을 받는 날이 올 때를 대비해 내 할머니, 그렉, 그리고 내가 알게 된 수십 명의 알츠하이머병 환자로부터 배운 세 가지 가르침을 나누고 싶다.

- 알츠하이머병 진단을 받았다고 해서 내일 당장 죽는 것은 아니다. 삶은 계속된다.
- 감정기억은 사라지지 않는다. 사랑과 기쁨을 이해하는 능력에

는 변함이 없다. 5분 전에 들은 말을 잊어버리고, 지금 이 말을
한 사람이 누구인지 잊을지라도 그 사람으로 인해 어떤 감정을
느꼈었는지는 기억할 것이다.
• 기억이 우리의 전부는 아니다.

소중하게, 그러나
결코 무겁지 않게

기억이 한 인간을 이루는 전부는 아니다.

인간에게는 감정, 의지, 감수성, 도덕적 가치가 있다.

한 인간을 자극하고 그에 따른 깊은 변화를 확인할 수 있는 곳은

바로 지금, 여기다.

_알렉산드르 루리아

기억은 인간의 거의 모든 활동에 꼭 필요하다. 기억이 있어 우리
는 걷는 법, 말하는 법, 이 닦는 법을 알고, 지금 이 글을 읽고, 이메
일을 쓸 수 있다. 내가 어디에 사는지, 컴퓨터 비밀번호는 무엇인
지 알고, 팁은 얼마나 줘야 하는지 머릿속으로 계산하는 것도 가능
하다. 사랑하는 사람도 알아볼 수 있다. 기억이 어마어마한 능력을
가진 슈퍼히어로라는 것은 자명하다. 동시에 기억은 약속을 해놓
고 나타나지 않는 친구, 해맑은 눈을 동그랗게 뜨고 뭐든 금방 믿
어버리는 어린아이 같다. 기억, 특히 작년에 있었던 일이나 나중에
할 일들에 대한 기억은 불완전하고, 부정확하고, 멋대로 가감되고,

허술하기 짝이 없어서 차라리 구글이나 일정 앱에 맡기는 편이 더 미더울 때가 많다.

　기억의 이런 속성을 아는 우리는 과연 기억과 어떤 관계를 맺고 있는가? 기억을 어떻게 다루고 있는가? 기억을 전지전능한 존재로 섬기고 있는가, 아니면 불완전한 기억으로 인해 불편하다고, 바보 같은 실수를 한다고, (기억과 나 자신에게) 썩은 토마토를 던지며 욕설을 퍼붓고 있는가? 가장 정확한 대답은 아마 그 중간쯤일 것이다.

● ● ●

자신만의 의미와
질서를 찾아서

우리는 기억의 역설을 감당해야 한다. 즉 기억은 전부이면서 아무것도 아니다. 너무 거창하게 느껴진다면, 더 순화된 버전도 있다. 기억은 정말 대단하지만, 그렇게까지 대단하지는 않다. 기억을 소중히 여기되 너무 무겁게 받아들일 필요는 없다.

　기억을 정말 대단한 존재로 여긴다면, 기억의 진정한 위대함을 인정하고 기억을 잘 돌볼 것이다. 올바른 도구를 사용하면 기억은 무한한 잠재력을 발휘할 것이다. 그래서 우리는 새로운 언어를 배우고, 기타 치는 법을 배우고, 시험에서 A를 받을 수 있다. 기억의 진정한 가치에 감사할 것이며, 이런 감사의 마음은 수많은 연구가 증명하듯 우리의 행복과 안녕에 보탬이 된다.

　동시에 기억을 가볍게 받아들인다면 기억의 수많은 허점에 대해 느긋하고 관대해질 것이다.

- 3학년 때 담임선생님 이름이 기억나지 않는다. 괜찮다. 초등학교 3학년 때 이후로 얼마나 오랜 세월이 흘렀는데. 돌아보지 않은 기억은 시간이 지나면 사라진다.
- 지난주 수요일 저녁에 먹은 음식이 기억나지 않는다. 상관없다. 보나마나 스파게티였겠지.
- 아이가 도서관에서 빌린 책을 잊어버리고 반납하지 않았다. 그럴 수 있다. 특히 일정표에 적어놓지 않았으면 더욱 그럴 수 있다.
- 산드라 블록과 풋볼 선수가 나오는 그 영화 제목이 기억나지 않는다. 그런 건 내버려두면 저절로 떠오른다. 아니면 검색만 해도 당장 알 수 있다.
- 배우자가 2년 전 메인주 오두막에서 보낸 가족 휴가 때 비가 많이 와서 예정보다 사흘 일찍 돌아왔다고 자꾸만 우긴다. 내 기억엔 일주일 내내 햇빛이 쨍쨍했고, 아들이 발목을 삐어서 축구경기 전에 의사한테 데려가려고 하루 일찍 돌아왔는데. 누구 말이 맞을까? 뭐 아무렴 어떤가? 두 사람 다 틀렸을지도 모른다. 어차피 지나간 일은 그냥 내버려두자.
- 1센트짜리 동전에 숫자가 앞면에 있는지 뒷면에 있는지 기억

이 안 난다. 걱정할 필요 없다. 그런 세세한 것까지 신경 안 쓰고도 지금껏 잘 살았다.

불완전한 기억을 탓하지 않고, 기억나지 않는 게 당연한 걸 기억하려고 애쓰지 않으면 마음이 편해지고 스트레스도 줄어든다. 만성스트레스가 줄어야 기억력도 좋아지고, 감사하는 마음을 가질 때처럼 우리의 삶이 편안해진다.

간혹 놀라울 정도로 많은 것을 기억하는 사람들이 있다. 세계기록 보유자인 하라구치 아키라는 파이 값을 11만 1700자리까지 암기한다. 첼리스트 요요마의 근육기억에는 수만 개의 음이 저장되어 있다. 강도 높은 훈련으로 놀라운 기억력을 보유한 사람들에게 분명 유리한 점도 있겠지만, 그들이 모든 방면에서 뛰어난 기억력을 발휘하는 것은 아니다. 하라구치는 아내의 생일을 잊어버렸다. 요요마는 첼로를 택시 트렁크에 두고 내렸다. 훈련으로 단련된 기억력이 만병통치약도 아니다. 기억력이 뛰어나다고 해서 상실, 좌절, 실패의 경험에 단련되는 것은 아니기 때문이다. 남다른 기억력이 행복이나 성공을 보장하지도 않는다.

많은 정보를 기억하는 것이 멋지고 유용하긴 하지만 대부분의 사람들은 살면서 얻는 소소한 추억들을 더 소중하게 여길 것이다. 하지만 그것도 그렇게 중요하지 않다. 고도의 자서전적 기억력을 지닌 지구상의 몇 안 되는 무리에 속하지 않는 이상, 사실 우리는 살면서 생긴 소소한 경험 대부분을 잊어버린다. 우리의 뇌는 애초에 일상적이거나 뻔한 일들을 담아두도록 설계되지 않은 반면, 우리 인생의 대부분은 반복적이고 뻔한 일들로 채워져 있기 때문이다. 더 많이 기억하고 덜 잊는 것이 정말 바람직한 일이긴 할까? 매일 아침 샤워할 때 겪는 세세한 경험들을 모두 기억하면 정말 인생이 더 나아질까?

아마도 의미 있는 것만 남기고 모두 잊어버리길 바라는 것이 좀 더 합리적인 기대일 것이다. 즉 인생에서 의미 있는 부분들을 자세히 기억하는 능력이야말로 정말 중요하다는 뜻이다. 이런 기억은 내가 나임을 느끼게 해주고, 인생을 하나의 서사로 인식하게 해주며, 타인과의 연결 안에서 성장할 수 있는 잠재력을 제공해줄 것이다. 우리의 뇌가 모든 것을 기억하지는 못하지만, 어쩌면 지금 기억하는 것만으로도 충분할지 모른다.

그리고 비록 의미 있는 것들을 잊어버리는 날이 온다 해도 기억이 인간의 의미를 규정하지는 않는다. 내 친구 그렉 오브라이언은 지난 11년을 알츠하이머병과 함께 살아왔다. 그는 이미 병으로 소중한 장기기억을 너무 많이 빼앗겼다. 앞으로 더 많은 것을 잃게 될 것이다. 최근 기억은 어두운 망령과 그림자뿐이다. 만약 기억이 우리 삶의 일부가 아니라 전부라면, 그렉은 완전히 무너졌을 것이다. 그의 기억소실은 안타깝고, 화나고, 무섭고, 가슴 아픈 현실이다. 하지만 상실만이 그의 삶은 아니다. 알츠하이머병도 그렉의 유머감각을 앗아가지 못했고 앞으로도 그럴 것이다. 그는 나와 소통하면서 언제나 뛰어난 유머를 발휘한다. 병은 그의 믿음도, 매 순간에 충실할 수 있는 능력도, 타인과의 풍부한 관계도 앗아가지 못했다. 그렉의 기억은 엉망이지만, 그는 나의 가장 좋은 친구다. 그가 사랑하고 그를 사랑하는 가족이 있고 그는 여전히 기억할 만한 소중한 삶을 살아가고 있다.

기억 없이도 우리는 인간으로서 갖는 모든 감정을 온전히 누릴 수 있다. 기억 없이도 우리는 누군가를 사랑하고 사랑받고 있음을 느낄 수 있다. 내 할머니는 알츠하이머병으로 돌아가시던 순간 아무도 알아보지 못했다. 자신의 결혼 후 성도, 손주들도, 아홉 명의 자녀도 모두 잊었다. 할머니에게 집은 더 이상 집이 아니었고 거울 속 얼굴은 더 이상 자신의 얼굴이 아니었다. 생애 마지막 4년간 자신만을 돌보던 딸 메리를 자신이 온정을 베풀어 집에 들인 노숙자라고 생각했다. 병과 싸우던 마지막 수년 동안 할머니는 너무 힘든 기억만 남겼다. 하지만 돌아가시는 그날도 할머니는 자신이 사랑받고 있다는 것을 아셨다. 우리가 누군지 알아보지 못했지만, 우리가 사랑한 것처럼 우리를 사랑하셨다.

소중하게, 그렇지만 결코 무겁지 않게. 기억이 우리의 전부는 아니다.

기억을 위해
당신이 할 수 있는 일들

기억의 능력과 한계에 대해 알 만큼 아니까 지금까지 읽은 내용을 다 기억하라고는 하지 않겠다. 몇 가지만 기억하자. 지나간 일에 대한 우리의 기억은 애초에 어느 정도 부정확하다. 게다가 기억은 떠올리고 강화할 때마다 점점 더 부정확해진다. 불필요한 것들을 잊는 것은 사실 꽤 쓸모 있다. 우리의 기억은 시간이 지나고 나이가 들면 점점 줄어든다. 이것은 지극히 정상적인 현상이다. 병이 진행되고 있다는 의미가 결코 아니다. 하지만 기억이 어떻게 작동하는지 이해한 내용을 바탕으로 우리가 할 수 있는 일들을 실천한다면 기억을 어느 정도 향상시킬 수 있을 것이다. 그렇다면 과연 지난주나 작년에 있었던 일, 새로 바꾼 넷플릭스 비밀번호, 장보기 목록, 이 방에 들어온 이유, 그 사람의 이름, 차를 세워둔 위치를 더 잘 기억하기 위해 할 수 있는 일은 무엇일까? 기억하고 싶은 정보를 머리에 넣고, 일단 머리에 들어온 정보를 필요할 때마다 쉽고 정확하게 가져다 쓰기 위한 최선의 방법은 뭘까? 어렵게 외우고 기억한 것들을 잊어버리지 않으려면 어떻게 해야 할까?

1. 주의를 기울인다. 애초에 관심을 기울이지 않은 것은 기억할 수 없다. 주의를 분산시키는 것들(일단 그 전화기부터 내려놓자)을 줄인다. 멀티태스킹은 그만둔다. 기억하고 싶은 대상에 적극적으로 관심을 기울인다. 눈앞에 있는 감각, 감정, 사실정보에 온전히 몰두한다. 요가와 마음챙김 명상 등은 지금 이 순간에 대한 지속적인 집중력을 강화해준다. 주의를 극대화하면 기억력도 극대화된다.

2. 본다. 기억하고 싶은 정보를 머릿속에 그리면 기억이 강화된다. 예외는 없다. 기억하고자 하는 것을 시각화하면 신경세포가 추가로 연결된다. 시각화는 연상을 심화하고, 기억의 형성을 더 공고히 한다. 그러면 나중에 더 잘 기억하게 된다.

기억하고 싶은 것을 글로 쓰려면, 한 글자 한 글자 대문자로 쓰거나, 분홍색 형광펜으로 강조하거나, 동그라미 표시를 한다. 그래프나 그림을 첨가한다. 눈만 감아도 머릿속에 떠오르도록, 기억할 대상을 형상화한다.

3. 의미를 부여한다. 우리는 의미가 있는 것을 기억한다. 두말할 필요가 없다. 숙련된 런던 택시기사들이 학생들보다 도로명을 더 많이 기억할 수 있었던 것은 도로명이 주행 순서대로 나열되어 있을 때뿐이었다.

체스 고수들이 아마추어보다 체스 말의 배열을 더 많이 기억할 수 있었던 것도 말들이 아무렇게나 놓였을 때가 아니라 대전 가능한 상태로 배열되어 있을 때뿐이었다. 기억에서 의미는 절대적이다.

기억하고자 하는 대상을 중요하게 생각하는 물건들과 연관시킨다. 기억하려는 정보나 사건에 대한 이야기를 만든다. 이야기는 늘 의미를 포함하기 때문에 기억하기 쉽다.

4. 상상력을 동원한다. 최고의 기억력은 최고의 상상력에서 나온다. 잊지 못할 기억을 남기고 싶다면 창의적인 시각 이미지를 동원해보자. 시각화하되 뻔한 이미지는 피한다. 기괴하고, 예측을 벗어나고, 역겹고, 섹시하고, 선명하고, 웃기고, 물리적으로 불가능하고, 쌍방향 소통이 가능한 요소를 기억하려는 대상에 첨가하면 기억에 착 달라붙는다. 마트에서 초콜릿 우유를 꼭 사야 한다면, 드웨인 존슨이 초콜릿색 암소의 젖을 짜고, 티나 페이가 그 밑에 입을 벌리고 누워 있고, 초콜릿 우유가 티나 페이의 얼굴에 온통 튀는 모습을 상상해보자. 시각 이미지가 터무니없고 특이할수록 훨씬 기억에 남을 것이다.

5. 공간, 공간, 공간을 활용한다. 괴상한 이미지를 만들었으면 이제 그 이미지를 마음속 공간에 갖다 두자. 뇌는 공간적 배열을 기억하는 데 능하다. 아까 만든 초콜릿색 암소를 막연한 허공을 배경으로 상상하는 것보다 내 집 거실 한가운데 갖다 놓았을 때

더 기억에 남을 것이다. 그러면 마트에 갔을 때 초콜릿 우유 앞을 절대 그냥 지나치지 않을 것이다. 거실이 내 기억의 궁전 속 기억을 보관하는 장소 중 하나라면 더더욱 잊어버릴 일은 없다.

시각 이미지와 공간 이미지는 작가 겸 기억력대회 챔피언인 조슈아 포어가 말도 안 되게 긴 숫자나 52장의 카드를 100초 안에 외워야 할 때 사용하는 특별 비법이다. 포어 역시 괴상한 이미지를 만들어 특정 공간에 갖다 놓는 (가령 현관문을 열면 쿠키 몬스터가 말하는 말을 타고 있는) 방법으로 발표문, 사람들의 이름, 신용카드 번호, 식료품 구매 목록 등을 외운다고 한다. 하지만 그는 이런 기법들을 활용하려면 사전에 많은 훈련이 필요하며, 이런 기법만으로 모든 기억력 문제가 해결되는 것은 아니라는 점을 인정했다. 기억하고자 하는 대상에 특별한 이미지를 부여하려면 어느 정도의 시간이 필요하고, 이것을 당장 현장에서 활용하려면 노력과 창의적인 에너지가 필요하다.

바쁘게 흘러가는 일상에서 우리 같은 대부분의 평범한 사람들이 이런 기법을 아무 때고 편리하게 적용하기는 어려울 것이다. 그리고 포어가 52장의 카드를 남들보다 짧은 시간에 순서대로 외울 수 있다고 해서 냉장고 문을 열고 뭘 꺼내려고 했는지 고민하거나 전화기를 어디에 두었는지 기억이 나지 않는 순간에도 이런 재능이 그를 구원하리라는 보장은 없다. 기억력의 대가인 하라구치 역시 아내의 생일을 잊어버린 적이 있다. 기죽을 것 없다. 시각이미지와 공간이미지에 의존하는 기억기법이 모든 방면에서 기억을 강화한다고 일반화해서는 안 된다. 가령 스키 타는 법에 대한 근육기억이나, 지난달 비행기에서 본 영화의 자세한 장면들이나, 사랑하는 사람의 생일을 기억하는 데에는 도움이 되지 않을 수 있다.

6. 나와 연관시킨다. 나는 자기중심적인 성향을 별로 좋아하지 않지만 기억에 관해서만큼은 예외다. 이른바 우월하다는 착각이 작동하는 방식은 이렇다. 우리는 스스로에 대한 세세한 정보나 자신이 한 일을 다른 사람에 대한 정보나 다른 사람이 한 일보다 더 잘 기억한다. 내가 마지막으로 부엌을 청소한 날과 내 배우자나 룸메이트가 마지막으로 부엌을 청소한 날 중 어느 쪽이 더 기억하기 쉬울까? 물론 배우자나 룸메이트가 절대 청소를 하지 않는 사람일 수도 있고, 반대로 내가 우월하다는 착각에 지나치게 빠져 있는 것일 수도 있다.

일반적으로 기억이 갖는 자기중심적 특성을 잘 활용하면 기억력 향상에 도움이 된다. 학습한 것을 나의 개인적인 정보와 연관시킨다. 기억할 대상을 나의 개인사, 의견 등과 연관시킴으로써 기억을 강화할 수 있다. 또 기억하려는 대상에게 나와 관련된 역할을 부여해보는 것도 좋은 방법이다.

가령 조 블로라는 사람을 호텔 로비에서 처음 만나 인터뷰를 해야 한다고 하자. 호텔에는 마침 행사가 있어서 로비는 몹시 붐비고 수많은 사람 중에 누가 조 블로인지 알아보기가 힘들다. 그래서 구글에 조 블로를 검색해 사진을 찾아냈다. 눈동자는 갈색이고 머리카락은 하얗다. 하지만 눈에 보이는 정보만으로는 부족하다. 아직 조 블로의 얼굴에 대한 내 기억은 인격이 부여되지 않은 평면 이미지에 불과하기 때문에 별로 강하게 남지 않는다.

그의 얼굴을 내 주변과 좀 더 연관시키면 로비에서 그와 마주쳤을 때 기억할 확률이 높아진다. 그의 코가 삼촌의 코와 닮았다든가, 혹은 얼굴이 전반적으로 밴드 토킹헤즈의 멤버 데이비드 번과 닮았다든가 하는 식이다. 토킹헤즈의 〈버닝 다운 더 하우스〉는 십 대 시절 내가 가장 좋아하는 곡이었다. 이제 심화 과정을 거쳐 개인적 연상, 더 많은 단서를 보유하게 된 나는 조 블로를 보자마자 알아볼 수 있다! 새로운 정보(조 블로의 사진)를 나의 신변 정보(삼촌, 좋아하는 밴드)와 연결시키면 기억의 형성과 인출이 수월해진다. 기억에 한해서만큼은 가능하면 언제나 나를 중심에 놓는다.

7. 극적으로 연출한다. 좋은 일이건 나쁜 일이건, 감정이 실리고, 심박수를 높이는 경험들은 감정이 결부되지 않은 사건들보다 강한 기억으로 남아 망각에 저항한다. 감정이 잔뜩 담긴 경험이나 의외의 경험들, 예컨대 성공, 모멸, 실패, 결혼, 출산, 이혼, 죽음 같은 사건들은 기억에 남는 경향이 있다. 감정과 의외성은 편도체를 자극하고, 그러면 편도체는 요란하고 분명한 메시지를 해마에 보낸다. '이봐! 지금 벌어지는 일은 굉장히 중요하니까 기억

해둬!' 이렇게 감정과 의외성은 새로운 기억강화를 돕는 강력한 요소다.

강렬한 감정을 불러일으키는 사건과 정보는 또 우리에게 중요한 일인 경우가 많다. 우리 삶의 서사에서 중요한 의미를 갖기 때문에 우리는 이 이야기를 말로 되풀이하곤 한다. 말로 전달하는 과정에서 우리는 이야기를 거듭 반복하고 되뇐다. 그 결과 신경 회로가 재활성화되어 해당 기억들은 더 강하게 자리 잡는다.

8. 변화를 준다. 단조로움은 기억에 내려진 사형선고나 마찬가지다. 지난 화요일 저녁 식사 시간의 일을 세세하게 떠올리지 못하는 이유는 여느 때처럼 아이들과 함께한 전형적인 평일 저녁이었기 때문이고, 그런 평일 저녁들은 늘 거기서 거기, 파스타 아니면, 피자 아니면, 파니니이기 때문이다. 화요일 저녁의 기억이 버려진 이유는 그날의 식사가 뻔했고, 우리의 기억체계는 뻔한 것에 관심이 없기 때문이다. 2015년 2월 오스카 시상식 전날 저녁이라면 생생하게 하나하나 기억할 수 있다. 기록적인 경험이었기 때문이다. 고맙게도 그날은 메뉴도 특별했다. 어떤 사건을 잘 기억하고 싶다면 반복되는 일상에 변화를 주어야 한다. 페라리를 탄 조지 클루니처럼 우리의 낮과 밤을 특별하고, 여느 때와 다르고, 일상적이지 않게 만들 방법을 찾아보자.

9. 연습하면 완벽하게 잘할 수 있다. 반복하고 되뇌면 기억은 강

화된다. 의미기억, 일화기억, 근육기억 모두 마찬가지다. 의미정보를 기억할 때는 시간 여유를 두고 조금씩 공부하는 것이 단시간의 벼락치기보다 효과적이다. 일단 완전히 외운 후에도 더 반복함으로써 (자가 테스트에서 100퍼센트를 달성한 뒤에도 계속해서 학습함으로써) 기억을 더욱 강화할 수 있다. 자가 테스트는 단순히 정보를 반복해서 읽는 것보다 기억에 훨씬 더 많이 도움이 된다.

근육기억은 기능을 반복해서 연습하면 할수록 더 강화되고 효율적으로 인출된다. 이 근육기억들이 우리 몸에 동작을 지시하기 때문에 연습을 하면 할수록 몸이 과제를 더 잘 수행하게 된다.

일기를 쓰고 읽어보고, 수년 전의 사진첩과 소셜 미디어 게시물들을 꼼꼼하게 살펴보는 것(그때 생각나?) 등은 모두 일화기억을 반복하고 되뇜으로써 강화하는 방식이다. 하지만 주의해야 한다. 이미 배웠듯이 일화기억은 아무거나 잘 믿는 어린아이다. 사건에 대한 우리의 기억은 매번 떠올릴 때마다 강화될지 모르지만, 동시에 매번 달라지기도 한다.

10. 다양한 단서를 활용한다. 단서는 기억인출에 핵심적인 역할을 한다. 적절한 단서는 수십 년 동안 떠올리지 않았던 기억을 자극하는 방아쇠 역할을 한다. 특정 기억이 떠오를 가능성을 높이고 싶다면, 해당 기억을 활성화할 강력한 신경경로를 다양하게 생성해야 한다. 기억하고자 하는 것과 연관된 것은 무엇이든 단서가 될 수 있다. 하루 중 특정 시간대, 알약 케이스, 현관문 앞에

놓아둔 콘서트 티켓, 테일러 스위프트의 노래, 말하는 말을 탄 쿠키 몬스터, 세제 냄새. 향기는 기억을 불러내는 데 특히 효과적인 단서다. 후신경구(냄새를 감지하는 곳, 냄새를 맡는 곳은 코가 아니라 뇌다!)가 변연계(편도체와 해마)에 강력한 신경자극을 보내기 때문에 냄새, 감정, 기억 간의 신경 구조가 풍부해진다.

우연히 엘리베이터에 함께 탄 여성에게서 풍기는 특정한 향수 냄새를 알아차리고 그 즉시 대학 시절 여자친구와의 추억이 한꺼번에 떠오를 수 있다. 수년간 한 번도 떠올린 적 없는 기억이라 해도.

11. 긍정적 태도를 갖는다. 사람들은 종종 자신은 기억력이 심하게 나쁘다고 말한다. 그런 말을 들으면 그럴 만도 하다는 생각이 든다. 노화에 대해 부정적인 단어들, 예컨대 '노쇠한', '노망난', '온전치 못한', '기력 없는' 등의 단어를 미리 접한 노인들은 긍정적 단어들, 즉 '현명한', '원숙한', '활동적인', '경험이 많은' 등의 단어를 접한 같은 연령대의 사람들보다 기억능력과 신체능력 테스트에서 저조한 결과를 보였다.

마찬가지로 우리의 기억도 자존감이 높을 때 더 효율적으로 작동한다. 자신의 기억에 대해 긍정적으로 평가하고 표현하면 더 많이 기억하고 덜 잊어버릴 것이다.

12. 보조장치를 사용한다. 앞으로 하려는 일을 잘 기억하는 사

람들은 메모, 알약 케이스, 일정관리 앱, 접착 메모지 등을 비롯해 기억을 일깨우는 다양한 보조장치를 사용한다.

여기서 잠깐. 혹시 외적인 보조장치에 너무 의존하면 기억력이 나빠지지 않을까 궁금해하고 걱정하고 있다면, 그럴 필요 없다. 걱정은 접어두고 뭐든 적어라. 우리의 미래기억, 즉 앞으로 하려는 일에 대한 기억은 원래 형편없다. 치과 예약이 다음 달 첫 번째 월요일 4시에 잡혀 있다는 것을 잊지 않으려고 애쓸 수도 있고, 치과 예약 일정을 전화기 일정관리 앱에 저장할 수도 있다. 우리의 미래기억이 얼마나 부실한지 이미 알고 있는 만큼 (요요마가 고가의 첼로를 택시 트렁크에 두고 내린 일화를 잊지 말자) 전화기를 활용할 것을 강력 추천한다.

전화기 얘기가 나와서 말인데 나는 언제나 이런 질문을 받는다. 스마트폰을 사용하면 더 바보가 되지 않나요? 전화기에 저장된 연락처 목록 없이는 전화번호를 하나도 기억하지 못한다거나 매번 누군가의 이름이 기억나지 않을 때마다 검색을 하다 보면 '디지털 기억상실'에 걸리지 않을까요?

인공지능과 인지과학 전문가이자 인공지능 시리[Siri]의 공동 개발자인 톰 그루버[Tom Gruber]는 "기억을 외부장치로 확장한다고 해서 기억을 잃지는 않는다"라고 말했다. 우리는 이미 기억의 기능 중 많은 부분을 스마트폰과 나누어 수행하고 있다. 그래도 아무 문제가 없다. "컴퓨터나 휴대전화는 원하는 정보를 인출하기 위한 대체 경로일 뿐이다." 그는 말한다.

하지만 나처럼 자녀의 휴대전화 번호도 모르는 사람들이 있다. 그런데 그러면 안 되는 걸까? 시간을 조금 투자해 그 정도는 외워도 좋겠지만, 꼭 그럴 필요는 없다. 전화번호를 외우지 않는다고 해서 머리가 나빠지지는 않는다. 내 전화기의 연락처 목록에는 2000개가 넘는 번호가 저장되어 있다. 그 많은 번호 중 하나를 기억한다고 해서 기억력이 나아지는 것은 아니다.

의미기억을 구글과 나누어 처리하면 놀라운 효과를 얻을 수 있다. 그루버는 "뇌가 접근할 수 있는 정보를 기하급수적이고 무한대로 확장할 수 있다. 그러니 초·중·고등학교와 대학에서 배운 지식과 숫자들에만 의존할 필요 없이 이제 무엇이든 구글에 물어서 정보를 얻을 수 있다. 인생은 이제 오픈 북 시험이 되었다"라고 말한다. 구글에서 불러올 수 있는 정보를 이용해 우리의 의미기억을 확장함으로써 더 많은 것을 배우고 흡수할 수 있는 기회가 생긴다. 일화기억도 마찬가지다. 2년 전 나는 조와 함께 베네치아에 갔다. 우리가 묵었던 호텔, 친구 캐서린과 식사한 음식점, 함께 마신 기막히게 맛있는 와인, 카약을 빌린 장소를 다 기억할 수는 없다. 하지만 당시 내가 머문 장소가 기록된 사진 일부가 설명과 함께 인스타그램에 게시되어 있다. 또 호텔 이름을 일정 앱에 저장해두었기 때문에 스마트폰만 있으면 여행 중 형성된 일화기억을 하나하나 생생하고 세세하게 끼워 맞출 수 있다.

그러니 두려워 말고 기억의 업무를 기술과 분담하자. 우리는 눈이 나빠지면 망설이지 않고 안경을 쓴다. 기억이라고 다를 건

없다. 기억력이 아주 좋은 사람도 완벽하지는 않다. 전화기의 도움을 받아 인출한 기억이 타고난 장비만으로 인출해낸 기억보다 대개는 믿을 만하다(웃자고 하는 얘기다).

13. 맥락이 중요하다. 기억이 형성될 때의 내적·외적 조건들과 동일한 상황에서 기억을 인출하면 더 쉽고 신속하고 완벽하게 기억할 수 있다. 심해 잠수부들을 대상으로 해저와 해변에서 실시한 실험에서도 나타났듯이, 어떤 환경에서 정보를 학습하느냐가 중요하다. 모카 프라푸치노를 마시면서 시험 공부를 했다면 시험을 볼 때도 같은 음료를 마시는 것이 공부한 내용을 떠올리는 데 도움이 된다.

14. 스트레스를 관리한다. 대부분의 사람들은 정기적으로 스트레스를 받는데, 만성스트레스는 기억에 백해무익하다. 만성스트레스로 인해 우리 몸이 질병에 취약한 상태가 됨은 물론, 기억력은 저하되고 해마는 줄어든다. 살면서 스트레스를 안 받을 수는 없지만, 스트레스에 대응하는 방법을 바꿀 수는 있다. 요가, 명상, 운동, 마음챙김 수행, 감사, 공감 등으로 우리는 뇌의 스트레스 민감도를 줄이고, 스트레스에 대한 도피 반응을 억제하고, 만성적이고 유해한 스트레스에 직면해서도 건강을 유지할 수 있다.

15. 충분히 잔다. 오늘 하루 동안 생성된 새로운 기억이 최적의

장기기억으로 강화되게 하려면 오늘 밤 일곱 시간에서 아홉 시간 숙면을 취해야 한다. 학습하고 경험한 것을 무엇이든 장기기억으로 견고하게 강화하려면 잠이 필수적이다. 잠을 충분히 못 잔 다음 날 우리는 일종의 기억상실을 경험하게 된다. 전날 만들어진 기억 일부가 흐릿하거나 부정확하거나, 심지어 사라질 수 있다. 아울러 아밀로이드 찌꺼기가 더 늘어나 있을 것이다. 충분한 잠은 알츠하이머병 발병 위험을 줄인다.

16. 사람 이름을 기억하고 싶다면 고유명사를 일반 명사화한다.
직업명 베이커(제빵사)와 고유명사 베이커의 역설을 기억하자.

Baddeley, A. 『작업기억Working Memory』, Oxford U.K.: Clarendon, 1986.

Baddeley, A. "작업기억, 이론, 모형, 쟁점Working Memory, Theories, Models and Controversy." 《애뉴얼 리뷰 오브 사이콜로지Annual Review of Psychology》 63(2012): 12.1 – 12.29.

Baddeley, A., M. W. Eysenck, and M. C. Anderson. 『기억Memory』. 2nd ed. New York: Psychology Press, 2015.

Bjork, R. A., A. E. Woodward. "자유회상에서 개별 단어의 유도된 망각Directed Forgetting of Individual Words in Free Recall." 《저널 오브 익스페리멘탈 사이콜로지 Journal of Experimental Psychology》 99 (1973): 22 – 27.

Blake, A. B., M. Nazarian, and A. D. Castel. "시각기억으로 보는 애플: 일상의 주의, 상위 기억, 애플 로고의 재구성적 기억The Apple of the Mind's Eye: Everyday Attention, Metamemory, and Reconstructive Memory of the Apple Logo." 《쿼털리 저널 오브 익스페리멘탈 사이콜로지Quarterly Journal of Experimental Psychology》 68 (2015): 858 – 865.

Brown, J. "즉각 기억 소멸 이론에 관한 몇 가지 시험Some Tests of the Decay Theory of Immediate Memory." 《쿼털리 저널 오브 익스페리멘탈 사이콜로지Quarterly Journal of Experimental Psychology》 10, no. 1 (1958): 12 – 21.

Butler, A. C., H. L. Roediger III. "평가 시행이 모의 수업에서 장시간 기억 유지능력을 향상시킨다Testing Improves Long-Term Retention in a Simulated Classroom Setting." 《유러피언 저널 오브 코그니티브 사이콜로지European Journal of Cognitive Psychology》 19 (2007): 514 – 527.

Charles, S. T., M. Mather, L. L. Carstensen. "노화와 감정기억: 노인에게 나타나는 부정적 이미지 망각 성향Aging and Emotional Memory: The Forgettable Nature of Negative Images for Older Adults." 《저널 오브 익스페리멘탈 사이콜로지: 제너럴Journal of Experimental Psychology: General》 132, no. 1. (2003): 310 – 324.

Corkin, S. "기억상실 환자 HM에 관한 새로운 사실은What's New with Amnesic Patient HM?" 《네이처 리뷰 뉴로사이언스Nature Reviews Neuroscience》 3 (2002): 153 – 160.

Corkin, S. 『영원한 현재시제: 기억상실증 환자 H.M.의 잊을 수 없는 삶Permanent Present Tense: The Unforgettable Life of the Amnesiac Patient, H.M.』. New York: Basic Books, 2013. (번역서: 『영원한 현재 HM』, 알마, 2019)

Dittrich, L. 『환자 H.M.: 기억, 광증, 가족의 비밀Patient H.M.: A Story of Memory, Madness, and Family Secrets』. New York: Random House, 2016. (번역서: 『환자 HM』, 동녘사이언스, 2018)

Ebbinghaus, H. 『기억: 실험심리학에의 기여Memory: A Contribution to Experimental Psychology』. New York: Dover Publications, 1885; reprint 1964.

Eich, E. "주의를 기울이지 않은 사건에 대한 기억: 의식할 때와 의식하지 않을 때의 기억Memory for Unattended Events: Remembering With and Without Awareness." 《메모리&코그니션Memory & Cognition》 12 (1984): 105 – 111.

Eichenbaum, H. 『기억의 인지신경과학: 개요The Cognitive Neuroscience of Memory: An Introduction』. 2nd ed. New York: Oxford University Press, 2012.

Foer, J. 『아인슈타인과 문워킹을: 모든 것을 기억하는 기법과 과학Moonwalking

with Einstein: The Art and Science of Remembering Everything』. New York: Penguin Books, 2011. (번역서: 『1년 만에 기억력 천재가 된 남자』, 갤리온, 2016)

Godden, D. R., A. D. Baddeley. "상이한 자연환경하의 맥락 의존적 기억: 육지와 물속Context-Dependent Memory in Two Natural Environments: On Land and Under Water." 《브리티시 저널 오브 사이콜로지British Journal of Psychology》 66 (1975): 325 – 331.

Gothe, K., K. Oberauer, R. Kliegl. "연습 후 이중과제 성과에서의 연령별 격차Age Differences in Dual-Task Performance After Practice." 《사이콜로지 앤드 에이징 Psychology and Aging》 22 (2007): 596 – 606.

Henner, M. 『총체적 기억 개조: 과거의 덮개를 벗기고, 미래의 주인이 되기 Total Memory Makeover: Uncover Your Past, Take Charge of Your Future』. New York: Gallery Books, 2013.

Hirst, W., E. A. Phelps, R. L. Buckner, A. E. Budson, A. Cuc, J. D. E. Gabrieli, M. K. Johnson. "9월 11일 테러 공격에 대한 장기기억: 섬광기억, 사건기억, 두 기억의 파지에 영향을 미치는 요인들Long-Term Memory for the Terrorist Attack of September 11: Flashbulb Memories, Event Memories, and the Factors That Influence Their Retention." 《저널 오브 익스페리멘탈 사이콜로지: 제너럴Journal of Experimental Psychology: General》 138 (2009): 161 – 176.

Hirst, W., E. A. Phelps, R. Meksin, C. J. Vaidya, M. K. Johnson, K. J, Mitchell, and A. Olsson. "2001년 9월 11일 공격의 기억에 대한 연구 이후 10년간의 후속 연구A Ten-Year Follow-Up of a Study of Memory for the Attack of September 11, 2001: Flashbulb Memories and Memories for Flashbulb Events." 《저널 오브 익스페리멘탈 사이콜로지: 제너럴Journal of Experimental Psychology: General》 144 (2015): 604 – 623.

Holzel, B., J. Carmody, M. Vangel, C. Congleton, S. M. Yerramsetti, T. Gard, S. W. Lazar. "명상수행이 뇌 부위의 회백질 밀도를 증가시킨다Mindfulness Practice Leads to Increases in Regional Brain Gray Matter Density." 《사이카이아트리 리서치Psychiatry

Research》191(2011): 36 – 43.

Isaacson, R. S., C. A. Ganzer, H. Hristov, K. Hackett, E. Caesar, R. Cohen. "임
상에서의 알츠하이머병 위험 감소: 정밀의학적 접근The Clinical Practice of Risk
Reduction for Alzheimer's Disease: A Precision Medicine Approach."《알츠하이머&디멘시아
Alzheimer's & Dementia》12 (2018): 1663 – 1673.

Johansson, L, X. Guo, M. Waern, S. Östling, D. Gustafson, C. Bengtsson, and
I. Skoog. "중년의 심리 스트레스와 치매 위험: 35년간의 종적 집단연구
Midlife Psychological Stress and Risk of Dementia: A 35-Year Longitudinal Population Study."《브레
인Brain》133 (2010): 2,217 – 2,224.

Karpicke, J. D., and H. L. Roediger. "학습에서 기억인출이 갖는 중요성The
Critical Importance of Retrieval for Learning."《사이언스Science》319 (2008): 966 – 968.

Kivipelto, M., A. Solomon, S. Ahtiluoto, T. Ngandu, J. Lehtisalo, R. Antikainen,
et al. "핀란드 노인의 인지 저하 및 장애 예방을 위한 중재 연구: 연구설
계 및 진행The Finnish Geriatric Intervention Study to Prevent Cognitive Impairment and Disability
(FINGER): Study Design and Progress."《알츠하이머&디멘시아Alzheimer's & Dementia》9
(2013): 657 – 665.

Loftus, E. F. "기억의 재구성: 믿을 수 없는 목격자Reconstructing Memory: The Incredible
Eyewitness."《사이콜로지투데이Psychology Today》8 (1974): 116 – 119.

――――. "거짓이 진실한 기억이 될 때: 거짓 정보에 노출된 후의 기억 왜곡When a
Lie Becomes a Memory's Truth: Memory Distortion After Exposure to Misinformation."《커런트디
렉션 인 사이콜로지칼 사이언스Current Directions in Psychological Science》1 (1992):
121 – 123.

Loftus, E. F., and J. C. Palmer. "자동차 파괴 현장의 재구성: 언어와 기억의 상
호작용 사례Reconstruction of Automobile Destruction: An Example of the Interaction Between
Language and Memory."《저널 오브 버벌 러닝 앤드 버벌 비헤이비어Journal of Verbal

Learning and Verbal Behavior》13 (1974): 585 – 589.

Loftus, E. F., and G. Zanni. "목격자 진술: 질문에 사용되는 단어 선택이 미치는 영향Eyewitness Testimony: The Influence of the Wording of a Question." 《불레틴 오브 더 사이코노믹 소사이어티Bulletin of the Psychonomic Society》5 (1975): 86 – 88.

Loftus, E. F., and J. E. Pickrell. "거짓 기억의 생성The Formation of False Memories." 《사이카이아트릭 애널스Psychiatric Annals》25 (1995): 720 – 725.

MacKay, D. G. 『기억한다는 것: 유명한 기억상실환자 HM에 대한 50년간의 연구가 기억과 기억 작동에 관해 우리에게 주는 가르침Remembering: What 50 Years of Research with Famous Amnesia Patient H.M. Can Teach Us about Memory and How It Works』. Amherst, NY: Prometheus Books, 2019.

Mantyla, T., and L. G. Nilsson. "성년기에 있어서 기억해야 한다는 것을 기억하기: 노화와 미래기억에 관한 인구 기반 연구Remembering to Remember in Adulthood: A Population-Based Study on Aging and Prospective Memory." 《에이징, 뉴로사이콜로지 앤드 코그니션Aging, Neuropsychology, and Cognition》4 (1997): 81 – 92.

McDaniel, M. A., and G. O. Einstein. 『미래기억: 떠오르는 분야의 개요와 종합Prospective Memory: An Overview and Synthesis of an Emerging Field』. Thousand Oaks, CA: Sage, 2007.

McGaugh, J. L. 『기억과 감정: 지속되는 기억의 생성Memory and Emotion: The Making of Lasting Memories』. New York: Columbia University Press, 2003. (번역서: 『기억과 감정』, 시그마프레스, 2012)

Melby-Lervag, M., and C. Hulme. "작업기억 훈련이 효과적이라는 확실한 증거는 없다There Is No Convincing Evidence That Working Memory Training Is Effective." 《사이코노믹 불레틴&리뷰Psychonomic Bulletin & Review》23 (2015): 324 – 330.

Miller, G. A. "마법의 수 7 플러스 마이너스 2: 정보 처리용량의 한계The Magical Number Is Seven, Plus or Minus Two: Some Limits on Our Capacity for Processing Information." 《사

이콜로지컬 리뷰Psychological Review》 63 (1956): 81 – 97.

Neupert, S. D., T. R. Patterson, A. A. Davis, and J. C. Allaire. "약 복용을 잊어버리는 일일 예측변수에서의 연령별 격차: 맥락과 인지의 중요성Age Differences in Daily Predictors of Forgetting to Take Medication: The Importance of Context and Cognition." 《익스페리멘탈 에이징 리서치Experimental Aging Research》 37 (2011): 435 – 448.

Nickerson, R. S., and J. J. Adams. "흔히 접하는 물건에 대한 장기기억Long-Term Memory for a Common Object." 《코그니티브 사이콜로지Cognitive Psychology》 11 (1979): 287 – 307.

O'Brien, G. 『온플루토: 알츠하이머 환자의 마음속On Pluto: Inside the Mind of Alzheimer's』. Canada: Codfish Press, 2018.

O'Kane, G., E. A. Kensinger, and S. Corkin. "중증 기억상실 상태에서 의미 학습이 일어난다는 증거: HM 사례연구Evidence for Semantic Learning in Profound Amnesia: An Investigation with H.M." 《히포캠퍼스Hippocampus》 14 (2004): 417 – 425.

Patihis, L., and E. G. Loftus. "비행기 추락 사건에 대한 기억 2.0: 어린 시절의 상처에 대해 성인이 갖는 거짓 기억Crashing Memory 2.0: False Memories in Adults for an Upsetting Childhood Event." 《어플라이드 코그니티브 사이콜로지Applied Cognitive Psychology》 31 (2016): 41 – 50.

Peterson, L. R., and M. J. Peterson. "개별 언어 항목에 대한 단기 파지Short-Term Retention of Individual Verbal Items." 《저널 오브 익스페리멘탈 사이콜로지Journal of Experimental Psychology》 58, no. 3(1959): 193 – 198.

Pink, D. H. 『언제: 완벽한 타이밍의 과학적 비밀When: The Scientific Secrets of Perfect Timing』. New York: Riverhead Books, 2018. (번역서: 『언제 할 것인가, 쫓기지 않고 시간을 지배하는 타이밍의 과학적 비밀』, 알키, 2018)

Reisberg, D., and P. Hertel. 『기억과 감정Memory and Emotion』. New York: Oxford

University Press, 2004.

Salthouse, T. A. "성인 인지의 연령 격차에 대한 처리 속도 이론The Processing-Speed Theory of Adult Age Differences in Cognition." 《사이콜로지컬 리뷰Psychological Review》 103 (1996): 403 – 428.

———. "나이 관련 요소들이 두 가지 추론 테스트에 미치는 영향 분석Attempted Decomposition of Age-Related Influences on Two Tests of Reasoning." 《사이콜로지 앤드 에이징Psychology and Aging》 16 (2001): 251 – 263.

———. "노화를 보는 시각Perspectives on Aging." 《사이콜로지컬 사이언스Psychological Science》 1 (2006): 68 – 87.

Salthouse, T. A., D. E. Berish, and J. D. Miles. "나이와 인지 기능의 관계에 인지자극이 미치는 영향The Role of Cognitive Stimulation on the Relations Between Age and Cognitive Functioning." 《사이콜로지 앤드 에이징Psychology and Aging》 17 (2002): 548 – 557.

Schacter, D. L. 『기억의 일곱 가지 죄악: 마음은 어떻게 잊고 기억하는가The Seven Sins of Memory: How the Mind Forgets and Remembers』. New York: Houghton – Mifflin, 2001. (번역서: 『기억의 일곱 가지 죄악』, 한승, 2006)

Schmolck, H., A. W. Buffalo, and L. R. Squire. "기억 왜곡은 시간의 흐름에 따라 진행된다: 15년 32개월 후 되돌아보는 O. J. 심슨 사건 평결Memory Distortions Develop over Time:Recollections of the O.J. Simpson Verdict After 15 and 32 Months." 《사이콜로지컬 사이언스Psychological Science》 11 (2000): 39 – 45.

Schwartz, B. L. 『기억: 기초와 응용Memory: Foundations and Applications』. Thousand Oaks, CA: Sage Publications, 2018.

Schwartz, B. L., and L. D. Frazier. "설단현상과 노화: 언어심리와 초인지적 관점Tip-of-the-Tongue States and Aging: Contrasting Psycholinguistic and Metacognitive Perspectives." 《저널 오브 제너럴 사이콜로지Journal of General Psychology》 132 (2005): 377 –

391.

Schwartz, B. L., and J. Metcalfe. "설단현상: 인출, 행동, 경험Tip-of-the-Tongue (TOT) States: Retrieval, Behavior, and Experience."《메모리 앤드 코그니션Memory and Cognition》 39 (2011): 737 – 749.

Sedikides, C., and J. D. Green. "자기보호기제로서의 기억Memory As a Self-Protective Mechanism."《소셜 앤드 퍼스널리티 사이콜로지 컴퍼스Social and Personality Psychology Compass》 3, no. 6 (2009):1,055 – 1,068.

Shaw, J. 『기억의 착각: 기억, 망각, 거짓 기억의 과학The Memory Illusion: Remembering, Forgetting, and the Science of False Memory』. New York: Random House, 2016. (번역 서: 『몹쓸 기억력: 자기 자신마저 속이는 기억의 착각』, 현암사, 2017)

Slotnick, S. D. 『기억의 인지신경과학Cognitive Neuroscience of Memory』. New York: Cambridge University Press, 2017. (번역서: 『기억 인지신경과학』, 박영스토리, 2021)

Snowdon, D. A. "건강한 노화와 치매: 수녀 연구로부터 얻은 결과Healthy Aging and Dementia: Findings from the Nun Study."《애널스 오브 인터널 메디신Annals of Internal Medicine》 139 (2003): 450 – 454.

Squire, L. R., and E. R. Kandel. 『기억: 정신에서 분자까지Memory: From Mind to Molecules』. Greenwood Village, CO: Roberts & Co., 2009. (번역서: 『기억의 비밀: 정신부터 분자까지』, 해나무, 2016)

Walker, M. P. 『우리는 왜 잠을 자는가: 잠과 꿈의 힘 알아보기Why We Sleep: Unlocking the Power of Sleep and Dreams』. New York: Scribner, 2017. (번역서: 『우리는 왜 잠을 자야 할까: 수면과 꿈의 과학』, 열린책들, 2019)

Walker, M. P., and R. Stickgold, "수면 의존 학습과 기억강화Sleep-Dependent Learning and Memory Consolidation."《뉴런Neuron》 44 (2004): 121 – 123.

Wilson, R. S., D. A. Evans, J. L. Bienias, C. F. Mendes de Leon, J. A. Schneider, and D. A. Bennett. "심리적으로 고통받기 쉬운 성향이 알츠하이머 발병 위험과 연관되어 있다Proneness to Psychological Distress Is Associated with Risk of Alzheimer's Disease."《뉴롤로지Neurology》6 (2003): 1,479 – 1,485.

Winograd, E., and U. Neisser. 『감정과 회상의 정확성: '섬광'기억 연구Affect and Accuracy in Recall: Studies of "Flashbulb" Memories』. Emory Symposia in Cognition. New York: Cambridge University Press, 1992.

감사의 말

이 책이 결실을 맺을 수 있도록 도와준 모든 분께 감사드린다. 나와 이 책을 지지해준 제니퍼 루돌프 윌시, 그 뒤를 이어 크나큰 열정을 보여준 수잔 글럭에게 감사드린다. 이 프로젝트를 믿어주고 출판사 랜덤하우스에 받아준 지나 센트렐로에게도 고마운 마음을 전한다. 내게서 최상의 결과를 끌어내준 태미 블레이크, 패트리샤 보이드, 마니 코치란, 데이니얼 커티스, 브라이언 스퍼버, 멜리사 샌포드, 크리스티나 폭슬리를 비롯한 랜덤하우스의 모든 식구들, 특히 내 담당 편집자 다이애너 바로니에게 감사하다. 원고를 편집해주고 한 자 한 자 엄격하게 살펴봐준 베이츠 칼리지 심리학 명예교수 존 켈리 박사에게 감사드린다. 다시 같이 일할 수 있어서 큰 기쁨이었습니다. 나의 친구인 하버드 의과대학 심리학 조교수 에드워드 멜로니 박사, PTSD와 기억에 관한 최신 연구 성과에 대한 통찰을 공유해주어 고마웠다.

마릴루 헤너가 보여준 우정에 감사드린다. 특히 과잉기억증후군을 가진 사람으로 살아간다는 것이 어떤 것인지에 대해 이야기 나눌 수 있어서 고마웠다. 긴 시간을 할애해 인공지능, 인간의 기억, 기억을 외부

기술과 공유하는 문제에 대해 이야기해준 톰 그루버에게 감사의 마음을 전한다. 기억력대회 챔피언으로서의 경험과 일상에서 기억력 향상 기법을 사용하는 것에 대한 찬반에 대해 함께 이야기 나누어준 조슈아 포어, 골프 스윙 동작을 익히는 단계들에 대해 설명해준 로베르토 보르가티에게 감사드린다. 알츠하이머병으로 기억을 잃는 것이 어떤 것인지 너무도 솔직하게 경험을 공유해준 사랑하는 내 친구 그렉 오브라이언에게도 감사의 마음을 전한다. 그렉, 당신은 나의 영웅입니다.

　마지막으로, 내 책을 가장 먼저 꼼꼼히 읽어준 독자들인 앤 캐리, 로렐 데일리, 조 다이치, 메리 제노바, 톰 제노바, 킴 하울랜드, 메리 맥그레거에게 감사와 사랑을 보낸다. 정말 즐거운 작업이었다.

옮 긴 이

윤승희

연세대학교 노어노문학과를 졸업하고 한국외국어대학교 통번역대학원 한노과 및 한영과를 졸업한 뒤 전문번역가로 활동 중이다. 옮긴 책으로 『세계 100대 작품으로 만나는 현대미술 강의』, 『너무 맛있어서 잠 못 드는 세계지리』, 『프로이트의 의자와 붓다의 방석』, 『1389번 귀인식표를 단 암소』, 『잘 쓰려고 하지 마라』(공역)가 있다.

기억의 뇌과학

초판 1쇄 발행 2022년 4월 15일
초판 9쇄 발행 2024년 6월 10일

지은이 리사 제노바 **옮긴이** 윤승희

발행인 이봉주 **단행본사업본부장** 신동해
편집장 김예원 **책임편집** 정다이 **디자인** [★]규 **교정** 윤정숙
마케팅 최혜진 이은미 **홍보** 반여진 허지호 정지연 송임선
국제업무 김은정 김지민 **제작** 정석훈

브랜드 웅진지식하우스
주소 경기도 파주시 회동길20
문의전화 031-956-7362(편집) 02-3670-1123(마케팅)
홈페이지 www.wjbooks.co.kr
인스타그램 www.instagram.com/woongjin_readers
페이스북 https://www.facebook.com/woongjinreaders
블로그 blog.naver.com/wj_booking

발행처 ㈜웅진씽크빅
출판신고 1980년 3월 29일 제406-2007-000046호

한국어판 출판권 © ㈜웅진씽크빅, 2022
ISBN 978-89-01-25972-7 03180